果濱學術論文集(二)

--果濱 著

自序

　　本《果濱學術論文集(二)》是繼《果濱學術論文集(一)》之後的相關作品，筆者近年來所寫的相關論文很多皆已發表在其餘研討會論文集或其餘專書上，本《論文集(二)》是將這些散逸的論文再重新整理成獨立一冊，《論文集(二)》中只選與《華嚴經》、《楞嚴經》有關的論文，與《華嚴經》有關的如：《華嚴經》與《中論》「緣起性空」哲學思想研究--以〈十定品〉及〈如來隨好光明功德品〉經文為例。與《楞嚴經》有關的則有三篇，如：《楞嚴經》「想陰十魔」之研究。從《楞嚴經》中探討「世界相續」的科學觀。從《楞嚴經》中探討八指頭陀燃指的行門意義。這些都是經過匿名審查而在學術研討會發表過的文章，再經過諸位評審教授的建議而進行修改訂正的內容。

一、《華嚴經》與《中論》「緣起性空」哲學思想研究--以〈十定品〉及〈如來隨好光明功德品〉經文為例。研究重點將探討《華嚴經》〈十定品〉與〈如來隨好光明功德品〉中的幾段經文；剖析其與《中論》之「不自生、不他生、不共生、不無因生」及「眾因緣生法，我說即是空」的「緣起性空」哲學是相通的。

二、《楞嚴經》「想陰十魔」之研究。研究重點在探討「想陰十魔」的研究，其中第六「貪求靜謐」及第七「貪求宿命」文，舊註有人將此二文互換，並認為是譯經者之誤。筆者特別提出研究證明經文「未誤」，應是個人誤解經文造成。

三、從《楞嚴經》中探討「世界相續」的科學觀。距今一千三百多年所譯出的《楞嚴經》(西元 705 年譯出)已提到「世界相續」形成的原因，在佛陀那個沒有科學科技的時代，實在是不可思議。研究重點將從今日的科學角度重新來探討《楞嚴經》這段經文。

四、從《楞嚴經》中探討八指頭陀燃指的行門意義。本文將重新探討《楞嚴經》中有關「燃指」一文的正確詮釋。在《十誦律》上明確的說「斷指」是因為怕毒蛇液侵入而故意「斷指」，故佛制「斷指」為「犯突吉羅罪」；而「燒指、燃指」在《法華經》、《楞嚴經》中都是指向「供養諸佛」的「菩薩發心」行門之一。所謂的「斷指」與「燃指」顯然是不同的，而歷代各宗祖師在詮釋「斷指」與「燃指」時，幾乎混同一談，本文將詳細研究原始的經論義理，最終對「燃指臂香」的行門提出「應予讚嘆而不大力提倡」十個字。

個人認為《論文集》不一定全是冰冷艱澀而無聊的著作，或是炮火相對的激辯，它可以變得很親切、有生命、有價值及具有高度的閱讀性；能容易深入民心而帶給大眾「正知正見」，釐清經教的盲點，宣揚如法的知見，讓論文也能便成「實用性」的文章。期待這樣的《果濱學術論文集(二)》能獲得廣大迴響，則筆者將再接再厲，繼續撰寫更多相關的主題。教學繁忙之餘，匆匆撰寫，錯誤之處，在所難免，猶望群賢，不吝指正。

公元 2018 年 1 月 14　果濱序於土城楞嚴齋

自序...3
一、《華嚴經》與《中論》「緣起性空」哲學思想研究--以〈十定品〉及〈如來隨好光明功德品〉經文為例...7
　　一、前言...9
　　二、《華嚴經》註疏與《中論》的因緣.............................12
　　三、《中論》四種不生的「緣起性空」義.........................19
　　四、《華嚴經》中不生的「緣起性空」義.........................28
　　五、〈十定品〉中的「緣起性空」義.................................32
　　六、〈如來隨好光明功德品〉的「緣起性空」義.............37
　　七、結論...45
　　參考文獻...47
　　附錄：引用《中論》解《華嚴經》的案例.........................48
二、《楞嚴經》「想陰十魔」之研究...59
　　一、前言...61
　　二、魔之釋義...64
　　三、想陰十魔...69
　　（一）貪求善巧　怪鬼成魔...74
　　（二）貪求經歷　魃鬼成魔...81
　　（三）貪求契合　魅鬼成魔...83
　　（四）貪求辨析　蠱毒魘勝惡鬼成魔.................................87
　　（五）貪求冥感　癘鬼成魔...90
　　（六）貪求靜謐　大力鬼成魔...93
　　（七）貪求宿命　山林土地城隍川嶽鬼神成魔.................99
　　（八）貪求神力　天地大力「山精、海精、風精、河精、土精」
　　　　　　五精成魔...104
　　（九）貪求深空　附著於「芝草、麟鳳龜鶴」精靈成魔.......108
　　（十）貪求永歲　他化自在天魔...110
　　（十一）小結...115
　　四、治魔之道...120
　　（一）嚴持四戒...120
　　（二）持誦神咒...123
　　（三）修習止觀...128
　　（四）小結...131

　　五、結論...131

　　參考文獻...134

三、從《楞嚴經》中探討「世界相續」的科學觀.........137

　　一、前言...139

　　二、「無明」是世界形成之因.................140

　　三、「風輪」能安立一切世界.................144

　　四、「金輪」由撞擊搖動形成.................149

　　五、「火輪」由風地輪互撞成.................154

　　六、「水輪」由火光上蒸而成.................157

　　七、結論...160

　　參考文獻...163

四、從《楞嚴經》中探討八指頭陀燃指的行門意義.....165

　　一、前言...167

　　二、有關燃指、燒臂、剜臂肉的經典說明.........169

　　三、《楞嚴經》中的燃指真義.................176

　　四、應予讚歎而不大力提倡.................181

　　五、結論...191

　　參考文獻...192

果濱學術論文集(二)

--果濱著

·自序·

　　□□本《果濱學術論文集(二)》是繼學術《論文集(一)》之後的相關作品，筆者近年來⋯⋯文很多皆已發表在其餘研討會論文集或其餘專書⋯⋯二)》是將這些散逸的論文再重新整理成獨立一冊⋯⋯《論文集》中共選與《華嚴經》、《楞嚴經》有關的論文，與《華嚴經》有關的如：《華嚴經》與《中論》「緣起性空」哲學思想研究--以〈十定品〉及〈如來隨好光明功德品〉經文為例。與《楞嚴經》有關的則有三篇，如：《楞嚴經》「想除上廱⋯之研究、從《楞嚴經》中探討「世界相續」從楞嚴經、從

一、《華嚴經》與《中論》「緣起性空」哲學思想研究 ──以〈十定品〉及〈如來隨好光明功德品〉經文為例

發表日期：2015 年 4 月 26 日第七屆華嚴專宗國際學術研討會

當天與會學者為本文提供諸多寶貴意見，經筆者多次修潤後已完成定稿。

考資料　郵件　校閱　檢視　ACROBAT

細明體　▾　A　ᵃᵇᶜ　▾　8　▾　A　B　U　I

《華嚴經》與《中論》「緣起性空」哲學思想研究

—以〈十定品〉及〈如來隨好光明功德品〉經文為例

陳士濱

宏國德霖科技大學通識中心副教授

全文摘要

□□歷代著解《華嚴經》大[……]、智儼……皆廣引《中論》的哲學思想作註腳，但有關[……][……]論》哲學匯通的研究資料仍非常少見。《中論》的哲學[……]歸納整理起來約有十餘種，若將《華嚴經》與《中論》[……]對研究，那將會是數十萬之言，故本論僅將《華嚴經[……]起性空」的哲學思想做分析研究。研究重點將探討《華[……]其中一段經文：「如日中陽焰，不從雲生，不從池生[……]水，非有非無，非善非惡，非清非濁……以因緣故而現水相，為識所了。」與〈如來隨好光明功德品〉其中一段經文：「如我音聲不從東方來，不從南西北方、四維上下來；業報成佛亦復如是，非十方來……此無根本、無有來處。」這幾段經文與

字數統計

統計：
頁數	59
字數	36,536
字元數 (不含空白)	43,611
字元數 (含空白)	45,928
段落數	865
行數	2,320
半形字	2,975
全形字	33,561

☑ 含文字方塊、註腳及章節附註(F)

關閉

全文摘要

　　歷代著解《華嚴經》大師如<u>澄觀</u>、<u>法藏</u>、<u>智儼</u>……皆廣引《中論》的哲學思想作註腳，但有關《華嚴經》與《中論》哲學匯通的研究資料仍非常少見。《中論》的哲學是非常廣泛的，歸納整理起來約有十餘種，若將《華嚴經》與《中論》哲學思想全部做比對研究，那將會是數十萬之言，故本論僅將《華嚴經》與《中論》「緣起性空」的哲學思想做分析研究。研究重點將探討《華嚴經》〈十定品〉其中一段經文：「如日中陽焰，不從雲生，不從池生，不處於陸，不住於水，非有非無，非善非惡，非清非濁……以因緣故而現水相，為識所了。」與〈如來隨好光明功德品〉其中一段經文：「如我音聲不從東方來，不從南西北方、四維上下來；業報成佛亦復如是，非十方來……此無根本、無有來處」。這幾段經文與《中論》「觀因緣品」之「不自生、不他生、不共生、不無因生」及「觀四諦品」之「眾因緣生法，我說即是空」的「緣起性空」哲學是相通的。

關鍵詞：華嚴經、十方來、中論、眾因緣生法、自生他生

一、前言

龍樹菩薩（Nāgārjuna，約 150~250），又稱龍猛、龍勝。大約為二、三世紀頃之人。龍樹之著作極豐，如：《中論頌》、《十二門論》、《空七十論》、《迴諍論》、《六十頌如理論》、《大乘破有論》、《大智度論》、《十住毘婆沙論》、《大乘二十頌論》、《菩提資糧論》、《寶行王正論》、《因緣心論頌》、《菩提心離相論》、《福蓋正行所集經》、《讚法界頌》、《廣大發願頌》等；造論之多，世所罕見，遂有「千部論主」之美稱。

龍樹的《中論》有四卷，有印度僧青目（梵名 Piṅgala 音譯賓伽羅、賓頭羅伽，約 250~300）作譯，由姚秦鳩摩羅什(Kumāra-jīva，約 344~413)漢譯，收於《大正藏》第三十冊。《中論》梵文共有 448 偈，[1]漢譯、藏譯或作 445 偈。《中論》梵文為 madhyamaka(中觀)-kārikā(論頌)，故又名為《中觀論》、《正觀論》、《中頌》、《根本中頌》、《根本中論》、《根本中觀論頌》。

《中論》的「中」指的是「不落二邊」的真理，並非是「折中」的意思。如《雜阿含經・卷十》所云：

> 世人顛倒，依於二邊，若「有」、若「無」。世人取諸境界，心便計著⋯⋯
> 如實正觀世間「集」者（「集」是「招聚」義，能招集三界生死苦果煩惱），則不生世間「無」見。
> 如實正觀世間「滅」（「滅」是「寂滅」義，斷除一切煩惱之苦，可入於涅槃之境界），則

---

[1] 《中論》梵本自從鳩摩羅什於公元 409 年在長安譯出後，不知何時梵本的《中論》便遺失了。據學者研究《中論》的梵本應在趙宋時代（公元 1050 年以後）消失。近代英國駐尼泊爾公使荷德生（B. H. Hodgson 1800-1894）在尼泊爾收集了很多的梵文聖典，於 1874 年出版《尼泊爾與西藏之語言、文學與宗教論》一書，內容有收錄梵文原典的月稱《淨明句論》(prasanna-padā)，月稱(梵名 Candra-kīrti 600-650)是南印度僧人，他的《淨明句論》是《中論》的八大註釋之一，當然內容也包括了《中論》的原文梵典，這使得《中論》的梵本重現於世。後來比利時佛教學者樸山把它重新整理，他整理的梵本成為全世界公認《中論》梵文原典的完整本。

不生世間「有」見。迦旃延(kātyāyana)！如來離於「二邊」，說於中道。
²

　　一切法並非「有性」，也並非「無性」，智者應該遠離「有、無」二邊而不執著。一切法皆是「因緣」所生；既是「因緣」生，所以它並沒有「定性」，既沒有「定性」，便沒有「實性」；既沒有「實性」，就是一種「無自性」的「空」。只要我們能透徹「一切法」皆是「緣起」的，它的本質都是「無自性」的，我們便不會去執著一切法為「實有」或「虛無」；如此即可遠離「有、無」二邊，達到「中道、空性」的實相義。《中論》的章首，即明「不生亦不滅，不常亦不斷，不一亦不異，不來亦不出」³的「八不中道」。

　　《中論》並非在專門疏解某一經、某一品、某一論，它是依《阿含經》及《般若經》的深義，發揮其「緣起無自性」的「八不中道義」，用來遮破一切外道、小乘等的「實在論者」與「虛無論者」的戲論，進而啟發釋尊所說的「緣起中道」義，並以「般若智」證入「諸法實相」而得解脫涅槃。龍樹《中論》內的哲學非常的精彩，後人整理《中論》大約有十一種哲學，如「兩難、矛盾律、排中律、無限擴展的謬誤、循環論證的謬誤、定言論證(三段論法)、假言論證(條件論證)、四句哲理、四句否定、相待不離的論證、連鎖論證」等。⁴本論只就「緣起性空」哲學⁵與《華嚴經》的思想作研究。如龍樹《中論》的「觀四諦品」云：「眾因緣生法，我說即是空，亦為是假名，亦是中道義」。⁶講「空」則不會墮入「實有論」；言

---

² 參《雜阿含經》卷10。詳 CBETA, T02, no. 99, p. 66, c。
³ 參《中論》卷1〈1 觀因緣品〉。詳 CBETA, T30, no. 1564, p. 1, b。
⁴ 這十一種哲學的歸類及詳細論證方式見於陳學仁《龍樹菩薩中論八不思想探討》。2000、5。台北佛光文化出版。頁304~380。
⁵ 「緣起性空」涉及「眾因緣」及「不自生、他生、共生、無因生」，所以可歸納在「四句否定」或「四句哲理」內。
⁶ 參《中論》卷4〈24 觀四諦品〉。詳 CBETA, T30, no. 1564, p. 33, b。

「假名有」則不會墮入「實無論」，所以「中道」義就是「非實有、非實無」、或說「離有邊、離無邊」之義。圖解如下：

空義 {
自性空-緣起無自性，故非自性「真實而有」。離「有邊」，不墮「有」
假名有-緣生施設有，故非自性「虛無斷滅」。離「無邊」，不墮「無」
} 中道

緣起法 {
自性空─無實自性，故非「真實而有」。離「有邊」，不墮「有」。
假名有─宛然有像，故非「虛無斷滅」。離「無邊」，不墮「無」。
} 中道空

前輩學者研究龍樹《中論》「緣起性空」的著作與專書非常的多，如T.R.V.Murti 著、郭忠生譯《中觀哲學》、印順法師著《性空學探源》、《中觀論頌講記》、《中觀今論》、梶山雄一著，吳汝鈞譯《佛教中觀哲學》、吳汝鈞著《印度中觀哲學》、《龍樹中論的哲學解讀》、陳沛然著《佛家哲理通析》、楊惠南《龍樹與中觀哲學》、陳學仁《龍樹菩薩中論八不思想探究》、劉宇光譯《緣起與空性》、李潤生《中論析義》(上、下冊)……等。龍樹的「緣起性空」思想幾乎主導了中國各宗各派的思想，尤其是「三論宗」與「天台宗」的興起皆從《中論》而獲得開啟，進而獲各宗各派的重視，近代學者吳汝鈞曾就《中論》思想的重要性而說：

為何《中論》如此重要，值得我們特別來研習呢？這是因為「中觀學」是「大乘佛學」的基石，它較「唯識」及「如來藏」兩系統更為重要。不論從歷史方面還是義理方面來說，「中觀學」都是大乘佛教裡一個最重要的部分。它在印度佛學與中國佛學中，都有深遠的影響。而在「中觀學」的文獻中，《中論》可算是最重要的。所以，就佛學的研究來說，若能夠掌握到《中論》的基本思想，便足以建立起一個了解「大乘佛學」的良好基礎。此外，如就「哲學」與「邏輯」的訓

練來說，《中論》也是一部內容豐富、思想深刻的哲學著作，透過對它的研習和理解，則對哲學與邏輯思考的訓練，也有一定的幫助。可以說，無論就佛學研究或是哲學訓練來說，《中論》都是一部極其重要的文獻。[7]

歷代著解《華嚴經》的祖師均大量引用《中論》文句，若據 cbeta 的檢索則可歸納出引用《中論》最多的文句，其中最多的就是《中論》的「觀四諦品」云：「眾因緣生法，我說即是空，亦為是假名，亦是中道義」[8]及「以有空義故，一切法得成，若無空義者，一切則不成」，[9]這兩段重複出現超過四十次以上(詳見下節說明)，承如唐‧法藏撰、宋‧承遷註《華嚴經金師子章註》云：「萬法無體，假緣成立，若無因緣，法即不生。故經云：諸法從緣起，無緣即不起。」[10]及《華嚴經》卷 58 所云：「悉知一切從因緣生，如因印故而生印像，如鏡中像、如電、如夢、如響、如幻，各隨因有。」[11]故本論將以《華嚴經》的〈十定品〉及〈如來隨好光明功德品〉的部份經文為例，進而說明《華嚴經》與《中論》「緣起性空」的哲學思想。

二、《華嚴經》註疏與《中論》的因緣

歷代註解《華嚴經》的祖師大德與龍樹《中論》皆有深厚的因緣，從 CBETA 藏經的檢索中可發現註解《華嚴經》的祖師皆廣引《中論》為證，從華嚴初祖唐‧帝心 杜順大師(557～640)《華嚴五教止觀》[12]及

---

[7] 詳《龍樹中論的哲學解讀》。台灣商務書局。1999、6 出版。頁 3。

[8] 參《中論》卷 4〈24 觀四諦品〉。詳 CBETA, T30, no. 1564, p. 33, b。

[9] 參《中論》卷 4〈24 觀四諦品〉。詳 CBETA, T30, no. 1564, p. 33, a。

[10] 參《華嚴經金師子章註》。詳 CBETA, T45, no. 1881, p. 668, a。

[11] 參《大方廣佛華嚴經》卷 58〈34 入法界品〉。詳 CBETA, T09, no. 278, p. 770, a。

[12] 引《中論》文詳見 CBETA, T45, no. 1867, p. 511, a。

《脩大方廣佛華嚴法界觀》[13]開始。二祖唐・雲華 智儼大師(620～668)的《大方廣佛華嚴經搜玄分齊通智方軌》。[14]三祖唐・賢首 法藏大師(643～712)的《華嚴經探玄記》。[15]四祖唐・清涼 澄觀大師(737～838)的《大方廣佛華嚴經疏》、《大方廣佛華嚴經隨疏演義鈔》[16]、《華嚴法界玄鏡》、《華嚴經行願品疏》。[17]五祖唐・圭峰 宗密大師(780～841)的《註華嚴法界觀門》。[18]其餘的還有唐・慧苑(673～743？)述《續華嚴經略疏刊定記》、[19]宋・本嵩述 琮湛註《註華嚴經題法界觀門頌》、[20]宋・道亭述《華嚴一乘教義分齊章義苑疏》、[21]宋・師會、善熹述《華嚴一乘教義分齊章復古記》、[22]元・普瑞集《華嚴懸談會玄記》、[23]遼・鮮演述《華嚴經談玄抉擇》、[24]新羅・表員集《華嚴經文義要決問答》、[25]元・圓覺解《華嚴原人論解》、

---

[13] 引《中論》文詳見 CBETA, D38, no. 8898, p. 6、7、41 皆有。

[14] 引《中論》文詳見 CBETA, T35, no. 1732, p. 65, b。

[15] 引《中論》文詳見《華嚴經探玄記》卷 4〈3 名號品〉及卷 13〈22 十地品〉。見 CBETA, T35, no. 1733, p. 168, a 及 p. 351, a。

[16] 《大方廣佛華嚴經隨疏演義鈔》原為四十卷,今經藏所列的是九十卷,此乃後人將澄觀的《華嚴經》的《疏》與《鈔》合刊,略稱為《大方廣佛華嚴經疏鈔》,內容乃以《鈔》的方式再詳細解釋其《疏》文。

[17] 澄觀是引用《中論》文是最多的註家,此不再詳舉其出處。

[18] 引《中論》文詳見《註華嚴法界觀門》。參 CBETA, T45, no. 1884, p. 689, a。

[19] 引《中論》文集中在《華嚴經》的「須彌頂上偈讚品」及「十地品」。詳見 CBETA, X03, no. 221, p. 664, a 及 p. 776, b。

[20] 引《中論》文詳見《註華嚴經題法界觀門頌》。參 CBETA, T45, no. 1885, p. 696, c。

[21] 引《中論》文詳見《華嚴一乘教義分齊章義苑疏》。參 CBETA, X58, no. 995, p. 202, a、p. 239, a 及 p. 244, c。

[22] 引《中論》文詳見《華嚴一乘教義分齊章復古記》。參 CBETA, X58, no. 998, p. 375, b 及 p. 382, c。

[23] 引《中論》文詳見《華嚴懸談會玄記》。參 CBETA, X08, no. 236, p. 122, a、p. 304, c 及 p. 309, c。

[24] 引《中論》文詳見《華嚴經談玄抉擇》。參 CBETA, X08, no. 235, p. 66, b。

[25] 引《中論》文詳見《華嚴經文義要決問答》。參 CBETA, X08, no. 237, p. 428, c。

²⁶明・德清提挈《華嚴綱要》、²⁷清・灌頂 續法集錄《賢首五教儀》²⁸……
等。

　　其中澄觀大師是引證《中論》最多的一位，引用《中論》作註的內
容集中在《華嚴經》的「世主妙嚴品、四聖諦品、如來光明覺品、菩薩
問明品、須彌頂上偈讚品、梵行品、夜摩宮中偈讚品、十行品、十無盡
藏品、十迴向品、十地品、十忍品、入法界品」……等。底下略舉三則
澄觀引用《中論》來註解《華嚴經》的資料(其餘的經文詮釋方式則移至論文
後面當「附錄」供大眾參考)：

《大方廣佛華嚴經》經文	澄觀《大方廣佛華嚴經疏》
《大方廣佛華嚴經》卷 2〈1 世主妙嚴品〉云： 妙焰海大自在天王，得法界、虛空界寂靜方便力解脫門；自在名稱光天王，得普觀一切法悉自在解脫門；清淨功德眼天王，得知一切法不生、不滅、不來、不去、無功用行解脫門。²⁹	《大方廣佛華嚴經疏》卷 6〈1 世主妙嚴品〉釋云： 初不生滅略有五義。一就遍計……二就緣起性。謂法無自體，攬「緣」而起，即生「無生」，既本「不生」故，無可滅也。又緣起無性故「不生」；無性緣起故「不滅」。《中論》云：以有空義故，一切法得成。是故不生即不滅，不滅即不生。³⁰

---

²⁶ 引《中論》文詳見《華嚴原人論解》。參 CBETA, X58, no. 1032, p. 755, a 及 p. 762,
　　a。
²⁷ 引《中論》文詳見《華嚴綱要》。參 CBETA, X08, no. 240, p. 603, a、p. 773, a、p.
　　792, b、p. 794, a、p. 796, a 及 p. 887, a
²⁸ 引《中論》文詳見《賢首五教儀》。參 CBETA, X58, no. 1024, p. 661, a、p. 662, a 及
　　p. 662, c。
²⁹ 詳 CBETA, T10, no. 279, p. 5, c。
³⁰ 詳 CBETA, T35, no. 1735, p. 542, b。

《大方廣佛華嚴經》卷 5〈5 如來光明覺品〉云：	《大方廣佛華嚴經疏》卷 13〈9 光明覺品〉釋云：
爾時，一切處文殊師利以偈頌曰：離諸人天樂，常行大慈心……觀身如實相，一切皆寂滅，離我非我著，是彼淨妙業。31	「身實相」者，如《淨名》「觀佛前際不來」等。又如《法華》「不顛倒」等。《中論》法品云：「諸法實相者，心行言語斷，無生亦無滅」……又云：「諸佛或說我，或說於無我。諸法實相中，無我無非我」。32
《大方廣佛華嚴經》卷 13〈10 菩薩問明品〉云：	《大方廣佛華嚴經疏》卷 14〈10 菩薩問明品〉釋云：
時，寶首菩薩以頌答曰：隨其所行業，如是果報生，作者無所有，諸佛之所說。譬如淨明鏡，隨其所對質，現像各不同，業性亦如是……如機關木人，能出種種聲，彼無我非我，業性亦如是。33	謂此「業體」以「無性」之法，而為其性。不失業果之相，而為其性。由「無性」故，能成業果；由「不壞相」，方顯「真空」。故《中論》云：「雖空亦不斷，雖有而不常，業果亦不失，是名佛所說」。

　　華嚴宗之「教相判釋」為華嚴三祖賢首 法藏所立，他在《華嚴一乘教義分齊章》(略稱《華嚴五教》)中將如來一代聖教分別判作「五教十宗」。34澄觀大師在解釋第五「俗妄真實宗」時便引《中論》說：「五、俗妄真實宗等者：以世俗是假，假故妄也。出世為真，真非是假故，是實也。少

---

31 詳 CBETA, T09, no. 278, p. 424, a。

32 詳 CBETA, T35, no. 1735, p. 598, a。

33 詳 CBETA, T10, no. 279, p. 66, c。

34 唐・杜順大師自實踐之觀法上說有「小乘教、大乘始教、大乘終教、頓教、圓教」等五個，賢首 法藏則將其教義加以組織而成立「五教」。所謂「五教」乃就所詮法義之深淺，將如來一代所說教相分為五類，「十宗」則依佛說之義理區別為十種。指(一)我法俱有宗。(二)法有我無宗。(三)法無去來宗。(四)現通假實宗。(五)俗妄真實宗。(六)諸法但名宗。(七)一切皆空宗。(八)真德不空宗。(九)相想俱絕宗。(十)圓明具德宗。

似《中論》，一半向前。」[35]在說明第六「諸法但名宗」時亦引《中論》
說：「六、諸法但名宗者：則顯出世亦假名耳。故云：一切我法亦如《中
論》：若有世間，則有出世間；既無世間，何有出世間等？」[36]足見澄觀
大師對《中論》文句精熟的情形。

　　若據 cbeta 的檢索則可大略整理出《華嚴經》著疏中引用《中論》
最多的文句，排行第一的是《中論》的「觀四諦品」云：「眾因緣生法，
我說即是空，亦為是假名，亦是中道義」[37]及「以有空義故，一切法得成，
若無空義者，一切則不成。」[38]這兩段文字重複出現超過四十次以上，其
餘的都是十餘次，或只出現一次，製表說明如下：

《中論》品名	《中論》內文	cbeta 檢索出現的次數
觀四諦品	眾因緣生法，我說即是空 亦為是假名，亦是中道義	41
觀四諦品	以有空義故，一切法得成 若無空義者，一切則不成	41
觀法品	諸佛或說我，或說於無我 諸法實相中，無我無非我	14
觀四諦品	未曾有一法，不從因緣生 是故一切法，無不是空者	12
觀法品	若法從緣生，不即不異因 是故名實相，不斷亦不常	11
觀本際品	大聖之所說，本際不可得 生死無有始，亦復無有終	11
觀行品	大聖說空法，為離諸見故 若復見有空，諸佛所不化	11
觀涅槃品	涅槃之實際，及與世間際	10

---

[35] 參唐・澄觀述《大方廣佛華嚴經隨疏演義鈔》卷 14。詳 CBETA, T36, no. 1736, p. 107, b。

[36] 參唐・澄觀述《大方廣佛華嚴經隨疏演義鈔》卷 14。詳 CBETA, T36, no. 1736, p. 107, b。

[37] 參《中論》卷 4〈24 觀四諦品〉。詳 CBETA, T30, no. 1564, p. 33, b。

[38] 參《中論》卷 4〈24 觀四諦品〉。詳 CBETA, T30, no. 1564, p. 33, a。

	如是二際者，無毫釐差別	
觀顛倒品	猶如幻化人，亦如鏡中像	10
觀如來品	如來過戲論，而人生戲論 戲論破慧眼，是皆不見佛	7
觀涅槃品	涅槃與世間，無有少分別 世間與涅槃，亦無少分別	7
觀因緣品	如諸法自性，不在於緣中 以無自性故，他性亦復無	7
觀因緣品	諸法不自生，亦不從他生 不共不無因，是故知無生	6
觀如來品	如是性空中，思惟亦不可 如來滅度後，分別於有無	6
觀行品	如佛經所說，虛誑妄取相 諸行妄取故，是名為虛誑	6
觀四諦品	是故經中說，若見因緣法 則為能見佛，見苦集滅道	5
觀業品	雖空亦不斷，雖有亦不常 業果報不失，是名佛所說	4
觀十二因緣品	眾生癡所覆，為後起三行 以起是行故，隨行墮六趣	4
觀有無品	定有則著常，定無則著斷 是故有智者，不應著有無	4
觀如來品	邪見深厚者，則說無如來 如來寂滅相，分別有亦非	4
觀苦品	自作及他作，共作無因作 如是說諸苦，於果則不然	4
觀四諦品	諸佛依二諦，為眾生說法 一以世俗諦，二第一義諦 若人不能知，分別於二諦 則於深佛法，不知真實義	4
觀成壞品	從法不生法，亦不生非法 從非法不生，法及於非法	3
觀邪見品	我於過去世，為有為是無 世間常等見，皆依過去世	3
觀三相品	生住滅不成，故無有有為 有為法無故，何得有無為	3
觀如來品	非陰不離陰，此彼不相在 如來不有陰，何處有如來	3
觀涅槃品	滅後有無等，有邊等常等 諸見依涅槃，未來過去世	3

觀法品	諸法實相者，心行言語斷 無生亦無滅，寂滅如涅槃 一切實非實，亦實亦非實 非實非非實，是名諸佛法	2
觀四諦品	若不依俗諦，不得第一義 不得第一義，則不得涅槃	2
觀如來品	空則不可說，非空不可說 共不共叵說，但以假名說	2
觀因緣品	不生亦不滅，不常亦不斷 不一亦不異，不來亦不出	2
觀邪見品	若世間有邊，云何有後世 若世間無邊，云何有後世	2
觀行品	諸法有異故，知皆是無性 無性法亦無，一切法空故	2
觀如來品	如來所有性，即是世間性 如來無有性，世間亦無性	2
觀本住品	以法知有人，以人知有法 離法何有人，離人何有法	2
觀縛解品	諸行往來者，常不應往來 無常亦不應，眾生亦復然	2
觀有無品	若法有定性，非無則是常 先有而今無，是則為斷滅	2
觀如來品	寂滅相中無，常無常等四 寂滅相中無，邊無邊等四	1
觀法品	若我是五陰，我即為生滅 若我異五陰，則非五陰相	1
觀四諦品	汝今實不能，知空空因緣 及知於空義，是故自生惱	1
觀去來品	已去無有去　未去亦無去 離已去未去，去時亦無去	1
觀合品	見可見見者，是三各異方 如是三法異，終無有合時	1
觀作作者品	若墮於無因，則無因無果 無作無作者，無所用作法	1
觀因緣品	果先於緣中，有無俱不可 先無為誰緣，先有何用緣	1
觀因緣品	若果非有生，亦復非無生 亦非有無生，何得言有緣	1
觀合品	異中無異相，不異中亦無 無有異相故，則無此彼異	1

觀時品	因物故有時，離物何有時 物尚無所有，何況當有時	1

從上面這個表格可知著解《華嚴經》的祖師大量引用《中論》文句的情形。

三、《中論》四種不生的「緣起性空」義

「四種不生」的「緣起性空」義是《中論》重要的核心觀念，如「觀因緣品」偈云：「諸法不自生，亦不從他生，不共不無因，是故知無生。」[39]意思是說：任何事物，不管是什麼樣的，不管是在那裏的，一定不是由「自身」而生起，也不是由「其他東西」而生起，亦不由「自、他」兩者的「共生」而生，也不是「無原因」而生。龍樹把「生」分成四種：

(一)自生：自己能生起自己，自己可以完全獨立的生起自己。此即「因中有果論」者，因與果是「一」論者。這是印度六派哲學之一➔「數論學派」（Sāṃkhya）的因果論主張。

(二)他生：由不同於「甲物」的其他「乙物」而生起「此物」。此即「因中無果論」者，因與果是「異」論者。這是印度六派哲學之一➔「勝論師派」（Vaiśeṣika）的因果論主張。

(三)共生：「甲物」是由「甲物」以及不同於「甲物」的「乙物」所共同生起，此即「因中亦有果亦無果論」者，因與果是「一」又同時是「異」論者。這是印度六派哲學之一➔耆那教派（Jaina）的因果論主張。既然「自生」、「他生」都不對，那把「自生」與「他生」強湊在一起的理論也是不對的！

---

[39] 參《中論》卷1〈1 觀因緣品〉。詳 CBETA, T30, no. 1564, p. 2, b。

(四)無因生：「甲物」沒有何原因而生起，即「放棄因果論者」、「偶然論」（yadṛccha）。➔ 這是「唯物學派」與「懷疑論」者所主張的，如古印度的「順世外道」（Lokāyata）的主張即是。

諸法或萬物若是從「自身」而生的理論，則有多種過失，如《中論》的註解者<u>青目</u>說：

「不自生」者，萬物無有從「自體」(而能自)生，必待「眾因」(方能生起)。復次若(真能)從「自體」生，則一法有二體，一謂(能)生、二謂(所)生者。若離餘因(而)從「自體」(能)生者，則(必導致)無因無緣。又(若自)生，(則)更有生，生則無窮。[40]

<u>青目</u>的意思是說凡是有關「生起」的原則，必然會有「能生」與「所生」的差別，既然已經有了「能、所」的差別，怎麼能說事物都是由「自體」而生呢？都是由「自己生自己」呢？如果能「自己生自己」等於是「無因無緣」而生，這是犯了「無因生」的過失。「自己」既然能在此時能「生」出「自己」，那麼在任何時後也可以不斷的「生」出「自己」，這樣就會造成「生生不已」之「無窮生」過失。促使「某物」成就的「作用因」必須與該物「相異」才可。為什麼呢？如果「因」與「果」是「同一」的話，那麼誰該當作「因」？誰又當作「果」呢？所以「因」與「果」的性質不可能是處在完全一樣的情況！

「自生」的理論不對，若轉而求一定是「他生」，則仍然有多種過失，<u>青目</u>說：

---

[40] 參《中論》卷1〈1 觀因緣品〉。詳 CBETA, T30, no. 1564, p. 2, b。

自(生)無，故他(生)亦無，何以故？有自(生)，故有他(生)。若不從「自生」，(則)亦不從「他生」。[41]

既然「自生」不能成立，那「他生」就不能成立，因為所謂的「他」是相對於「自」而說的，沒有了「自生」，相對的就沒有「他生」。青目解釋說：

「自性」無，故「他性」亦無。何以故？因「自性」(而)有「他性」，「他性」於「他」；亦是(一種)自性。若破(了)自性，即破(了)他性，是故不應從他性(而)生。[42]

其實關於「他生論」的定義，細分來說應有二種：

(1)與「結果」是完全不同的「因」。

如《中論》云：「若謂緣無果，而從緣中出，是果何不從非緣中而出？」[43]例如：以「石頭」為因，但卻能生出「手機」的果。若以「海水」為因，但卻能生出「電腦」的果。這種與「結果」完全不同的「因」就是所謂的「他生論」定義。詳細說就是當一個3C零件軟體產生手機時，這個手機卻不存在於3C零件軟體之中，甚至與3C零件軟體是完全不相干、完全不一樣的話；那麼這個手機是否也可以從「不是原因」的「其它事物」所產生？例如從「石頭、海水」中產生手機？但事實上，手機只能從3C零件軟體產生，只能從與手機有相關的3C零件軟體中產生，手機是不可能從「不是原因」的「其它事物」所產生。在龍樹另一著作《十二門論》中也舉了很多理由去評破「他生」的錯誤，原文如下：

---

41 參《中論》卷1〈觀因緣品 1〉。詳 CBETA, T30, no. 1564, p. 2, b。
42 參《中論》卷1〈觀因緣品 1〉。詳 CBETA, T30, no. 1564, p. 2, b。
43 參《中論》卷1〈觀因緣品 1〉。詳 CBETA, T30, no. 1564, p. 3, b。

何故(只)名「泥團」為瓶(之)因？(而)不名「石」為瓶(之)因？

何故(只)名「乳」為酪(之)因；(或只名)「縷」為氎(毛料)因，(而)不名「蒲」為(氎之)因？

復次，若「因」中先「無果」而果(仍然能)生者，則一一物，應(皆能)生(出)一切物。

如「指端」(亦能)生(出)「車馬、飲食」等；如是「縷」不應(不只)但(生)出氎，(縷)亦應(能生)出「車馬、飲食」等物。何以故？

若無(因)而(仍)能生(果)者，何故「縷」但(只)能生氎？而不(能)生出「車馬、飲食」等物？以俱無(指「縷」完全沒有生出「車馬、飲食」的「因」)故。[44]

(2)與「結果」雖然有著類似的「因」，但只限於其中「獨立的一種原因」。

　　例如：手機是需要「眾多因緣」的「零件組合」才能完成，如果只有「獨立一種零件」就不可能組合成手機。手機如果只從「獨立」的一個「電池」零件產生，這是不可能的！這就是「他生論」。手機需要「眾多的因緣」及「眾多零件組合」才能完成，不可能只需「獨立」某一個「零件」，或某一個「軟體」就可完成。所謂只從「獨立的一個原因」就會產生「結果」，這就是一種「他生論」的定義。如《大寶積經》云：

　　譬如以「器」盛「酪」，及以「繩」等，即便出「酥」。(於一一)諸緣之中(求)，(酥)皆不可得。(但假眾)「和合」力故，酥乃得生……

　　譬如依止「青草、牛糞」及以「棗酪」，而各生蟲。(於獨立)一一(諸緣)之中(求)，蟲不可得。(但假眾)因緣力故，蟲乃得生……。[45]

　　《大般若波羅蜜多經》云：

---

[44] 參《十二門論》。詳 CBETA, T30, no. 1568, p. 161, c。

[45] 參《大寶積經》卷55。詳 CBETA, T11, no. 310, p. 322, b。

復次善男子！譬如「箜篌」依止「種種因緣和合」而有聲生。是聲因緣，所謂「槽、頸、繩、棍、絃」等「人功」作意。如是一一(獨立各個)不能生聲，要「和合」時其聲方起。[46]

《大乘密嚴經》云：

(於)一一(獨立;單一)諸緣內，遍求無有體(故緣起即性空也，即無有體也)。[47]

既然「自生、他生」都不對，那如果將它綜合起來，即「自生＋他生」，把「同一」與「差異」放在一起的「共生」，這更是嚴重的錯誤。龍樹云：「有無相違故，一處則無二。」[48]「有」與「無」是兩性「相違」的，怎麼可能在「一處」上能同時存在「有」與「無」呢？又說：「有無二事共，云何是涅槃？是二(指「有」與「無」)不同處，如明闇不俱(「光明」與「黑暗」是不可能共存、共具的)」。[49]「有」就是一種「非無」；「無」就是一種「非有」。就如光明與黑暗的關係一樣，明去則闇來；闇來則明去，所以「有」與「無」是不能「共俱」的，光明與黑暗也是不可能「共俱」。一個人也不可能是同時「生活」著又同時是「已死亡」的「共生」狀態！

最後一種則是放棄「因果」的「無因果論」，這個理論不需作太多解釋，因為「無因果論」與佛教道義是完全相背離的。

下面再以二個圖例說明這四生的關係：

---

[46] 參《大般若波羅蜜多經(第 201 卷-第 400 卷)》卷 400〈78 法涌菩薩品〉。詳 CBETA, T06, no. 220, p. 1069, b，

[47] 參《大乘密嚴經》卷 1〈1 密嚴會品〉。詳 CBETA, T16, no. 681, p. 726, b。

[48] 參《中論》卷 2〈8 觀作作者品〉。詳 CBETA, T30, no. 1564, p. 12, c。

[49] 參《中論》卷 4〈25 觀涅槃品〉。詳 CBETA, T30, no. 1564, p. 35, c。

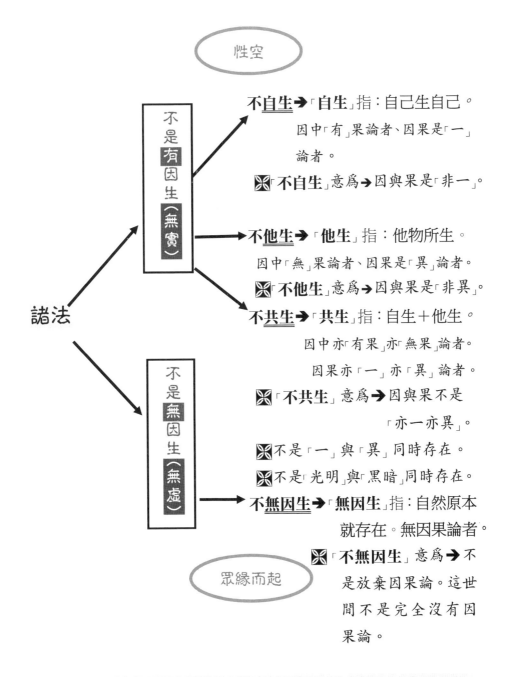

是故知➔「無生」，既知「無生」，則必➔「無滅」

　　龍樹以「四種不生」的邏輯推出萬物諸法都是「不生」的理論，既然是「不生」就一定是「不滅」，這個「不生不滅」或「無生無滅」理論並不是完全不會有任何「作用」發生；而是說諸法萬物並沒有真實的「被生起」或「被消滅」，所有的「生滅」現象只是「眾緣聚合」的幻象，由「眾因緣和合」而生起的虛妄「生滅」現象罷了，這在經典上說的非常多，例舉如下：

《大般涅槃經》云：

不從「自生」，不從「他生」，非「自他生」，非「無因生」，是「受」皆從「緣合」(眾緣和合)而生。[50]

《別譯雜阿含經》云：

色像非「自作」，亦非「他」所造。(乃)「眾緣起」而有，緣離則散滅。[51]

《佛說佛母出生三法藏般若波羅蜜多經》云：

非一因、一緣、一善根生，亦不「無因緣生」。「緣合」故生，生而無來。「緣散」故滅，滅而無去。善男子！汝當如是，如實了知諸佛如來「無來無去」。[52]

《佛說稻芉經》云：

「名色」牙亦不從「自生」，亦不從「他生」，亦不從「自他合生」，亦不從「自在天」(īśara)生，亦不從「時方」(kāla;迦羅。一般佛教認為「時」乃「名言

---

[50] 參《大般涅槃經》卷37〈12 迦葉菩薩品〉。詳 CBETA, T12, no. 374, p. 584, a。

[51] 參《別譯雜阿含經》卷12。詳 CBETA, T02, no. 100, p. 455, a。

[52] 參《佛說佛母出生三法藏般若波羅蜜多經》卷25〈31 法上菩薩品〉。詳 CBETA, T08, no. 228, p. 674, b。

假立」者，而「勝論外道」或「時論師」則認為「時」乃「真實存在」者）生，亦不從「體」生，亦不「無因緣」生……從「眾因緣」和合而生。[53]

　　諸法萬物單獨由「自生、他生、共生」都是不能生起作用的，「無因生」更不必討論。那表示諸法萬物都必須由「眾因緣」方能生起作用，如果缺少「眾因緣」就不能發生作用，所以諸法萬物本就具有「不生不滅」的本質，如《佛說如幻三摩地無量印法門經》所云：「若法(從眾)緣生，即是無生，是故一切法皆悉無生。菩薩若能如實了知一切法無生，即得成就諸菩薩道。」[54]只要是由「眾緣生起」的諸法萬物，那表示它沒有「獨立的自體性」(無自性、無自體)，這個「無自性」就稱作「空性」或「性空」，[55]它就具有「不生不滅」的本質，如《中論》「觀四諦品」云：「眾因緣生法，我說即是空，亦為是假名，亦是中道義」[56]及「觀因緣品」所說：「不生亦不滅、不常亦不斷、不一亦不異、不來亦不出，能說是因緣，善滅諸戲論」。[57]

---

[53]　參《佛說稻芉經》。詳 CBETA, T16, no. 709, p. 817, b。

[54]　參《佛說如幻三摩地無量印法門經》。詳 CBETA, T12, no. 372, p. 358, b。

[55]　「無自性」亦稱作「空性」或「性空」的理論可參閱《大智度論》卷31〈1 序品〉云：「諸法中皆無性，何以故？一切有為法，皆從因緣生……如是一切諸法性不可得故，名為性空。」詳 CBETA, T25, no. 1509, p. 292, b。又《大智度論》卷37〈3 習相應品〉云：「若從因緣和合生，是法無自性，若無自性即是空！」詳 CBETA, T25, no. 1509, p. 331, b。《中論》卷4〈24 觀四諦品〉云：「眾緣具足和合而物生，是物屬眾因緣，故無自性，無自性故空！」詳 CBETA, T30, no. 1564, p. 33, b。

[56]　參《中論》卷4〈24 觀四諦品〉。詳 CBETA, T30, no. 1564, p. 33, b。與《中論》「觀四諦品」具有相同的義理如《大智度論》云：「因緣」生法，是名「空相」，亦名「假名」，亦名「中道」。詳《大智度論》卷6〈1 序品〉。CBETA, T25, no. 1509, p. 107, a。《大智度論》又云：若法從「因緣和合」生，是法無有「定性」；若法無「定性」，即是「畢竟空」寂滅相，離「二邊」故，假名為「中道」。詳《大智度論》卷80〈67 無盡方便品〉。CBETA, T25, no. 1509, p. 622, a。另外的《般若燈論釋》亦云：若言從「緣生」者，亦是「空」之異名。何以故？因「施設」故。世間、出世間法，並是「世諦」所作，如是「施設名字」，即是「中道」。詳《般若燈論釋》卷14〈24 觀聖諦品〉。詳 CBETA, T30, no. 1566, p. 126, b。

[57]　參《中論》卷1〈觀因緣品 1〉。詳 CBETA, T30, no. 1564, p. 1, c。

四、《華嚴經》中不生的「緣起性空」義

在《中論》上說「緣起法」的自身是「空性」的,即在主觀上雖有形相的生起,但在客觀上根本沒有一個獨立存在的東西與之相應,這就是「空性」。「緣起」的當下就是「性空」,就具有「無自性」的特質。與「緣起性空」相似的名詞還有:

「緣起不起」(如《般若燈論釋》。詳 T30, p. 54c)

「緣起性空」(如《大毘盧遮那成佛經疏》。詳 T39, p0601c)

「緣生性空」(如《肇論新疏》。詳 T45, p. 220a、如《宗鏡錄》。詳 T48, p. 916c、如《十二門論宗致義記》。詳 T42, p. 218, b)

「因緣生即無生」(如《中觀論疏》。詳 T42, p. 24c)

「因緣性空寂」(如《大寶積經》。詳 T11, p. 626c)

《華嚴經》的經文也充滿大量的「緣起、緣生、因緣法」的名詞,例舉如〈賢首菩薩品〉的偈頌說:「善知緣起得解脫,智慧照明了諸根。若知緣起得解脫,智慧照明了諸根。」[58]如〈金剛幢菩薩十迴向品〉中金剛幢菩薩承佛神力以偈頌曰:「一切世間從緣起,不離因緣見諸法。」[59]又如〈金剛幢菩薩十迴向品〉中介紹菩薩摩訶薩的「第八如相迴向」時云:「所有諸法皆從緣起,觀甚深法生實智迴向。」[60]如〈入法界品〉中德生童子與有德童女開示善財童子說:「觀諸世間皆幻住,因緣生故;一切眾生皆幻住,業煩惱所起故;一切法皆幻住,無明有愛等展轉緣生故。」

---

[58] 參《大方廣佛華嚴經》卷 7〈8 賢首菩薩品〉。詳 CBETA, T09, no. 278, p. 437, a。

[59] 參《大方廣佛華嚴經》卷 15〈21 金剛幢菩薩十迴向品〉。詳 CBETA, T09, no. 278, p. 497, a。

[60] 參《大方廣佛華嚴經》卷 20〈21 金剛幢菩薩十迴向品〉。詳 CBETA, T09, no. 278, p. 525, c。

[61]如〈十定品〉云:「雖知法無起,而示諸因緣。」[62]如〈十迴向品〉中介紹「菩薩摩訶薩第五無盡功德藏迴向」時云:「觀一切法皆從緣起,無有住處。」[63]如〈佛不思議法品〉中介紹一切諸佛皆悉能了知「十種法」,其中第九種即是:「一切諸佛,知一切法皆從緣起,悉無有餘。」[64]如〈普賢菩薩行品〉中普賢菩薩所宣講的偈頌云:「菩薩一念中,覺悟無量心。了知非一二,非穢亦非淨,亦復非積集,皆從因緣起。」[65]及〈十地品〉金剛藏菩薩所說的偈頌云:「觀諸因緣實義空,不壞假名和合用。」[66]……等。

　　前文由《中論》的「觀四諦品」文總結出諸法萬物必須藉「眾緣」才能生起作用,若無「眾緣」,就無任何一法可成立,故諸法平等,皆以「無自性」為本體,這個「無自性」亦稱作「空性」;具有「不生不滅」的本質,如澄觀的《華嚴經疏》所云:「謂法無自體,攬緣而起,即生無生。既本不生故,無可滅也。又緣起無性故不生,無性緣起故不滅」。[67]這種「眾因緣、無自性、空性、不生不滅」同時出現的哲理在《華嚴經》中也大量的出現,如〈十地品〉中金剛藏菩薩告訴解脫月菩薩,若菩薩修行獲得第三地時,此時的菩薩能:「觀諸法不生不滅,(乃)眾緣而有。」[68]〈佛

---

[61] 參《大方廣佛華嚴經》卷 57〈34 入法界品〉。詳 CBETA, T09, no. 278, p. 767, b。

[62] 參《大方廣佛華嚴經》卷 43〈27 十定品〉。詳 CBETA, T10, no. 279, p. 225, b。

[63] 參《大方廣佛華嚴經》卷 25〈25 十迴向品〉。詳 CBETA, T10, no. 279, p. 134, b。

[64] 參《大方廣佛華嚴經》卷 31〈28 佛不思議法品〉。詳 CBETA, T09, no. 278, p. 597, c。

[65] 參《大方廣佛華嚴經》卷 33〈31 普賢菩薩行品〉。詳 CBETA, T09, no. 278, p. 611, a。

[66] 參《大方廣佛華嚴經》卷 37〈26 十地品〉。詳 CBETA, T10, no. 279, p. 195, b。

[67] 參《大方廣佛華嚴經疏》卷 6〈1 世主妙嚴品〉。詳 CBETA, T35, no. 1735, p. 542, b。

[68] 參《大方廣佛華嚴經》卷 24〈22 十地品〉。詳 CBETA, T09, no. 278, p. 552, b。同本異譯的《十住經》卷 2〈3 明地〉亦云:「是菩薩爾時觀諸法不生不滅,(乃)眾緣而有」。CBETA, T10, no. 286, p. 508, b。

不思議法品〉中青蓮華菩薩告訴蓮華藏菩薩說一切諸佛皆有十種的巧妙方便時云:「一切諸法皆無自性,不生不滅。」[69]及「一切諸佛,知一切法不可見……非來、非去,皆無自性。」[70]在〈金剛幢菩薩十迴向品〉則云:「一切諸法,不生、不滅,無有自性。」[71]〈入法界品〉普賢菩薩以偈頌曰:「無礙清淨慧,一念知三世,悉從因緣起,而實無自性。」[72]〈十迴向品〉在介紹「菩薩摩訶薩真如相迴向」時云:「雖善修正業,而知業性空。了一切法皆如幻化,知一切法無有自性。」[73]……等。

從所例舉的《華嚴》經文中可知諸法萬物皆「無自體性」,只是隨著「眾因緣和合」而產生種種作用。以吾人的六根來說,《華嚴經》要我們觀六根皆「無生、無自性」,六根只是「眾緣和合」的假象,這樣就可達到六根是「空、寂滅、無所有」的境界。如〈賢首菩薩品〉云:「觀眼無生、無自性,說空、寂滅、無所有……觀耳無生、無自性,說空、寂滅、無所有……觀鼻無生、無自性,說空、寂滅、無所有……觀舌無生、無自性,說空、寂滅、無所有……觀身無生、無自性,說空、寂滅、無所有……觀意無生、無自性,說空、寂滅、無所有……」。[74]

吾人的「六根」都是由阿賴耶識所變現,[75]例如「眼根」,《楞嚴經》上

---

[69] 參《大方廣佛華嚴經》卷30〈28 佛不思議法品〉。詳 CBETA, T09, no. 278, p. 594, c。

[70] 參《大方廣佛華嚴經》卷46〈33 佛不思議法品〉。詳 CBETA, T10, no. 279, p. 245, c。

[71] 參《大方廣佛華嚴經》卷19〈21 金剛幢菩薩十迴向品〉。詳 CBETA, T09, no. 278, p. 519, b。

[72] 參《大方廣佛華嚴經》卷60〈34 入法界品〉。詳 CBETA, T09, no. 278, p. 787, a。

[73] 參《大方廣佛華嚴經》卷30〈25 十迴向品〉。詳 CBETA, T10, no. 279, p. 162, a。

[74] 參《大方廣佛華嚴經》卷7〈8 賢首菩薩品〉。詳 CBETA, T09, no. 278, p. 438, c。

[75] 這個說法可參閱《大寶積經》卷110云:「身之諸大、諸入、諸陰,彼皆是識。諸有色體,眼、耳、鼻、舌及身,色、聲、香、味、觸等,并無色體,受苦樂心,皆亦是識(所生起之作用也)」。《大寶積經》又云:「所有色者,眼、耳、鼻、舌及色等諸

說吾人的眼根是先從外在的光明與黑暗這二種相對的形色開始，[76]這二種形色不斷的薰習阿賴耶識，接下來阿賴耶識便發生出能看見東西的「性能」(名為見精，即勝義眼根)，這個「見精」對映外在的種種色塵後便會結成「浮塵眼根」的眼睛。[77]所以眼睛的形成需要眾多的因緣，如「阿賴耶識、色塵、勝義根、浮塵根、光明黑暗諸相」……等。形成眼根後，若要發生看見的功能，據《成唯識論述記》中說需要九種因緣，如云：「眼識依肉眼，具九緣生。謂空、明、根、境、作意五同小乘，若加根本第八，染淨第七，分別俱六，能生種子，九依而生」。[78]但在《入不思議解脫境界普賢行願品》卻提到「眼識」只需四種因緣即可生起作用，如經云：「一、謂眼根攝受色境。二、由無始取著習氣。三、由彼識自性本性。四、於色境作意」。[79]所以無論是「眼根、色塵、眼識」都需要「眾多的因緣」才能產生，或說四緣、五緣、九緣……等，既然是由「眾因緣」來，那就沒有獨立的「自體性」，[80]這就如同前文〈賢首菩薩品〉說的「六

受，或苦、或樂意等，所有諸色者，是名為識(所生起之作用也)」。以上兩段經文詳閱 CBETA, T11, no. 310, p. 614, a 及 p. 618, a。

[76] 所謂的「光明」與「黑暗」這二種形色仍然不離阿賴識，外在的塵相仍是由阿賴耶識所變現的，如唐・如理集《成唯識論疏義演》卷 8 云：「眼識要杖他第八識所變色境。」詳 CBETA, X49, no. 815, p. 738, b。

[77] 上述理論引自《大佛頂如來密因修證了義諸菩薩萬行首楞嚴經》卷 4 云：「由明暗等二種相形，於妙圓中，粘湛發見，見精映色結色成根，根元目為清淨四大，因名眼體如蒲萄朵，浮根四塵流逸奔色」。詳 CBETA, T19, no. 945, p. 123, b。

[78] 參《成唯識論述記》卷 7。詳 CBETA, T43, no. 1830, p. 476, a。或參閱唐・玄奘撰，明・普泰補註《八識規矩補註・卷上》云：「九緣七八好相隣：此即九緣生識之義。九緣者，謂：空、明、根、境、作意、分別依、染淨依、根本依、種子也」。詳 CBETA, T45, no. 1865, p. 469, b。

[79] 參《大方廣佛華嚴經》卷 9〈入不思議解脫境界普賢行願品〉。詳 CBETA, T10, no. 293, p. 704, b。

[80] 關於眼根是「無生、無自性」的理論，在《持世經》中講得極為清楚，如《持世經》卷 2〈3 十八性品〉云：「是眼性無我無我所，無常、無堅、自性空故……眼性無有決定相……眼性無處無方，不在內、不在外、不在中間，眼性無決定相，以無事故。眼性事不可得，眾因緣生故……眼性者即是無性……眼根清淨，色在可見處，意根相應，以三事因緣合，說名為眼性」詳 CBETA, T14, no. 482, p. 652, a。

根」皆是:「無生、無自性」。[81]既然是「無自性」就可說「六根」皆「空、寂滅、無所有」。[82]如《迴諍論》所云:「若法一切皆因緣生,則一切法,皆無自體。法無自體,則須因緣。若有自體,何用因緣?若離因緣,則無諸法。若因緣生,則無自體。以無自體,故得言空。」[83]

　　《華嚴經》上談「緣起性空」的道理非常的多,底下將舉〈十定品〉與〈如來隨好光明功德品〉幾段經文內容再作深入的探討。

五、〈十定品〉中的「緣起性空」義

　　大乘佛法由六度波羅蜜開展至十度波羅蜜,這種義理在《華嚴經》中的〈十定品〉最為明顯,其所討論的「十大定」每一定皆能與十度波羅蜜對應,並以普賢行為當生成佛的一佛乘觀點。〈十定品〉乃如來自入「剎那際諸佛三昧」,[84]令普賢菩薩代說的「十大三昧」之法。[85]〈十定品〉經文有一段與《中論》「觀因緣品」「諸法不自生,亦不從他生,不共不無因,是故知無生。」及「觀四諦品」:「未曾有一法,不從因緣生,是故一切法,無不是空者」具有相同的邏輯哲學,如云:

　　佛子!如日中「陽焰」,不從「雲」生,不從「池」生,不處於「陸」,不住於「水」。非有非無,非善非惡,非清非濁。不堪飲漱,不可穢污,非有體非無體,非有味非無味。以「因緣」故而現水相,為識所

---

[81] 參《大方廣佛華嚴經》卷7〈8 賢首菩薩品〉。詳 CBETA, T09, no. 278, p. 438, c。

[82] 參《大方廣佛華嚴經》卷7〈8 賢首菩薩品〉。詳 CBETA, T09, no. 278, p. 438, c。

[83] 參《迴諍論》。詳 CBETA, T32, no. 1631, p. 18, a。

[84] 如《大方廣佛華嚴經》卷40〈27 十定品〉云:「爾時,世尊在摩竭提國阿蘭若法菩提場中始成正覺,於普光明殿入剎那際諸佛三昧,以一切智自神通力現如來身。」詳 CBETA, T10, no. 279, p. 211, a。

[85] 如《大方廣佛華嚴經》卷40〈27 十定品〉云:「如來告普賢菩薩言:『普賢!汝應為普眼及此會中諸菩薩眾說十三昧,令得善入,成滿普賢所有行願。諸菩薩摩訶薩說此十大三昧故。』」詳 CBETA, T10, no. 279, p. 212, c。

了。[86]

〈十定品〉這段經文與西晉・竺法護譯《等目菩薩所問三昧經》是同本異譯，整理比對後如下表所示：

西晉・竺法護譯《等目菩薩所問三昧經》卷1	唐・實叉難陀譯八十《大方廣佛華嚴經》卷41
〈6 等目菩薩大權慧定品〉	〈27 十定品〉
㊀譬如於晝日時，野馬之河，亦不由「陰」有；亦不出於彼「泉」；亦不處於「地」；亦不從「東嵎」來。	㊀佛子！如日中「陽焰」，不從「雲」生，不從「池」生，不處於「陸」，不住於「水」。
㊁亦不有、亦不無；不善、亦不不善；亦不清亦不濁。	㊁非有非無，非善非惡，非清非濁。
㊂亦不可飲、亦不可污、亦不有、亦不無、亦不味、亦不可味。	㊂不堪飲漱，不可穢污，非有體非無體，非有味非無味。
㊃有形如水之像，「緣」此而興念；如野馬之河，便有河想之念。	㊃以「因緣」故而現水相，為識所了。
㊄此去想念，而遠於近，而無所毀；野馬之河，亦不可處。	㊄遠望似水而興水想，近之則無，水想自滅。
㊅菩薩亦如是！於諸如來不興，亦不識如來興，亦不識如來滅，以相想諸佛有耳！以無相而無想。	㊅此菩薩摩訶薩亦復如是，不得如來出興於世及涅槃相。諸佛有相及以無相，皆是想心之所分別。
㊆是諸族姓子！諸菩薩大士！名曰「清淨之定」。以此定正受而覺寤，而不失其定。	㊆佛子！此三昧名為「清淨深心行」。菩薩摩訶薩於此三昧，入已而起，起已不失。
出處：CBETA, T10, no. 288, p. 579, b	出處：CBETA, T10, no. 279, p. 215, b

---

[86] 參《大方廣佛華嚴經》卷41〈27 十定品〉。詳 CBETA, T10, no. 279, p. 215, b。

《等目菩薩所問三昧經》將「陽焰」譯作「野馬」，其實「陽焰」就是指「野馬」，如《一切經音義》云：「野馬，猶陽炎也。案莊子所謂『塵埃』也。生物之以息相吹者。注云：鵬之所憑而飛者，乃是遊氣耳，《大論》云：飢渴悶極，見熱氣，謂為水是也。」[87]

將「雲」字譯作「陰」。據古書的註解「陰」也指「雲塊」的意思，如漢・董仲舒《春秋繁露・陽尊陰卑》云：「陰，猶沈也。」凌曙注：蔡邕《月令章句》曰：「陰者，密雲也；沈者，雲之重也。」《文選・江淹〈從冠軍建平王登廬山香爐峰〉詩》：「日落長沙渚，曾陰萬里生。」李善注：陰者，密雲也。」[88]

將「水」譯作「東嵎」。這個「嵎」字古通「隅」，而山、水或海的「彎曲處、角落處」都叫做「隅」，[89]所以「東嵎」也可指東邊水流的角落處。

「陽焰」亦寫作「陽燄」或「陽焱」[90]及「陽炎」，這在佛經中是常見的寫法。「陽焰」指「飄浮的灰塵」在太陽的照射下，遠遠望去就會產生「似水若霧、如雲似水[91]」的自然景象。在佛典中，佛陀常常喝斥眾生在追求「欲樂」就如渴鹿在追求「陽焰」一般的愚癡，如《妙法聖念處經》云：「貪癡之人，追逐欲樂，譬如渴鹿，競奔陽炎，而求於水。耽欲亦爾，虛妄不

---

[87] 參《一切經音義》卷 9。詳 CBETA, T54, no. 2128, p. 358, b。

[88] 以上說法引自《漢語大辭典》電子版 2.0 的解說。

[89] 如《老子化胡經》卷 10 云：「七變之時，生在北方在海嵎」。詳 CBETA, T54, no. 2139, p. 1269, b。又如《印沙佛文》卷 1 云：「三災彌減盡，九橫於海嵎」。詳 CBETA, T85, no. 2842, p. 1295, b。

[90] 如《新集藏經音義隨函錄(第 1 卷-第 12 卷)》卷 2 云：「光炎(音焰，正作焱)。」又云：「火焱(音焰)。」及卷云 3：「陽焱(音熖)。」以上詳 CBETA, K34, no. 1257, p. 667, b 及 p. 681, a 及 p. 723, c。

[91] 「如雲似水」句引自明・太宗 朱棣制《諸佛世尊如來菩薩尊者神僧名經(第 1 卷-第 29 卷)》卷 29 之文。詳 CBETA, P178, no. 1611, p. 876, a。

實。」[92]又如《楞伽阿跋多羅寶經》云：「譬如群鹿，為渴所逼，見春時炎，而作水想，迷亂馳趣，不知非水」，[93]《父子合集經》云：「增長愚癡染污心，猶如渴鹿奔陽焰」，[94]及《正法念處經》云：「惡業持身，妄見食想，猶如渴鹿見陽焰時謂之為水，空無所有，如旋火輪」。[95]

〈十定品〉上說在太陽下產生「如雲似水」的「陽焰」幻象不是從「雲、池、陸、水」四樣東西來，以《中論》的哲學邏輯作解說可謂「陽焰」幻象不是從「水、池、雲」的「自生」來，也不是從「陸」的「他生」來，[96]既然不是「自生、他生」，當然「共生、無因生」更不可能。〈十定品〉下面又說「以因緣故而現水相，為識所了。遠望似水而興水想，近之則無，水想自滅」。經文中所謂的「因緣」即指「眾因緣」，包括「雲、池、陸、水、妄生水想[97]」等諸多的因緣，「形如水之像」[98]、「遠望似水」[99]與「心中熱渴[100]、妄生水想」是生起「陽焰」的主要因緣(親因緣)，而「雲、池、陸」只是其中一點助緣而已。當人類的眼睛在「遠望」他方時，在「雲層[101]、太陽

---

[92] 參《妙法聖念處經》卷 7。詳 CBETA, T17, no. 722, p. 439, c29-p. 440, a。

[93] 參《楞伽阿跋多羅寶經》卷 2〈一切佛語心品〉。詳 CBETA, T16, no. 670, p. 491, a。

[94] 參《父子合集經》卷 10〈21 光音天授記品〉。詳 CBETA, T11, no. 320, p. 948, c。

[95] 參《正法念處經》卷 17〈4 餓鬼品〉。詳 CBETA, T17, no. 721, p. 100, c。

[96] 「陽焰」幻象表面上看起來「似水若霧、如雲似水」，所以此處便將「水、雲、池」作「自生」解。而「陸」則作「他生」解。

[97] 「生起水想的妄念」這個「因緣」可再參見《大方廣佛花嚴經修慈分》云：「不隨心識……如渴鹿於曠野中，追求陽焰以之為水」及「又如渴鹿，於陽焰中，妄生水想，勤苦奔逐……又如陽焰，水不可得，一切諸法，亦復如是」這兩段經文內容的說明。詳 CBETA, T10, no. 306, p. 959, b 及 p. 960, c。另外《大乘密嚴經》卷 2〈4 顯示自作品〉亦云：「又如陽焰乾闥婆城，是諸渴鹿愚幻所取。此中無有能造等物，但是凡夫心之變異。」詳 CBETA, T16, no. 681, p. 734, b。

[98] 語出《等目菩薩所問三昧經》卷 1〈6 等目菩薩大權慧定品〉文。詳 CBETA, T10, no. 288, p. 579, b。

[99] 語出《大方廣佛華嚴經》卷 41〈27 十定品〉文。詳 CBETA, T10, no. 279, p. 215, b。

[100] 如《大乘理趣六波羅蜜多經》卷 10〈10 般若波羅蜜多品〉所云：「如人熱渴，遠見陽焰謂之為水，馳走尋覓，近之則無」。詳 CBETA, T08, no. 261, p. 913, a。

[101] 「雲層」在「遠望」下，也容易產生幻象，如《大智度論》卷 88〈77 六喻品〉所云：「譬如雲霧，遠視則見，近之則無所見」。詳 BETA, T25, no. 1509, p. 677, b。

照射、空氣灰塵、風吹動搖[102]」互相交叉時就容易產生「如雲似水」的自然景象，如果沒了「雲層、太陽照射、空氣灰塵、風吹動搖、陸地」等這些助緣，那「遠望」他方而「妄生水想」的因緣就會減到最少，甚至不會發生了。誠如〈金剛幢菩薩十迴向品〉所云：「所有起法，猶如幻化、電光、水月、鏡中之像，因緣和合，假持諸法」。[103]沒有「因緣和合」就不會發生「電光、水月、鏡中之像」了。

　　既然是由「眾因緣」生起的「陽焰」幻象，所以「陽焰」就具有〈十定品〉中所說「非有非無，非善非惡，非清非濁……非有體非無體，非有味非無味」[104]的一種「空性」本質。這個道理可從〈十迴向品〉云：「一切諸法因緣生，體性非有、亦非無，而於因緣及所起，畢竟於中無取著。」[105]及〈離世間品〉云：「演說緣起法，非有亦非無，深解真實義，於彼無所著。」[106]與〈佛不思議法品〉云：「一切諸佛，具足成就細密法身……隨「因緣」應，一切普現。非實非虛，平等清淨，非去非來。」[107]這三品經文而獲得證明。以下將〈十定品〉經文作圖表如下：

---

[102] 所謂的「風吹動搖」之說引自《無所有菩薩經》卷 4 云：「如彼陽焰，動搖似水，而不可飲」。詳 CBETA, T14, no. 485, p. 696, c。

[103] 參《大方廣佛華嚴經》卷 15〈21 金剛幢菩薩十迴向品〉。詳 CBETA, T09, no. 278, p. 494, b。

[104] 上面經文語出《大方廣佛華嚴經》卷 41〈27 十定品〉。詳 CBETA, T10, no. 279, p. 215, b。

[105] 參《大方廣佛華嚴經》卷 25〈25 十迴向品〉。詳 CBETA, T10, no. 279, p. 135, a。

[106] 參《大方廣佛華嚴經》卷 43〈33 離世間品〉。詳 CBETA, T09, no. 278, p. 672, c29-p. 673, a。

[107] 參《大方廣佛華嚴經》卷 31〈28 佛不思議法品〉。詳 CBETA, T09, no. 278, p. 599, b。

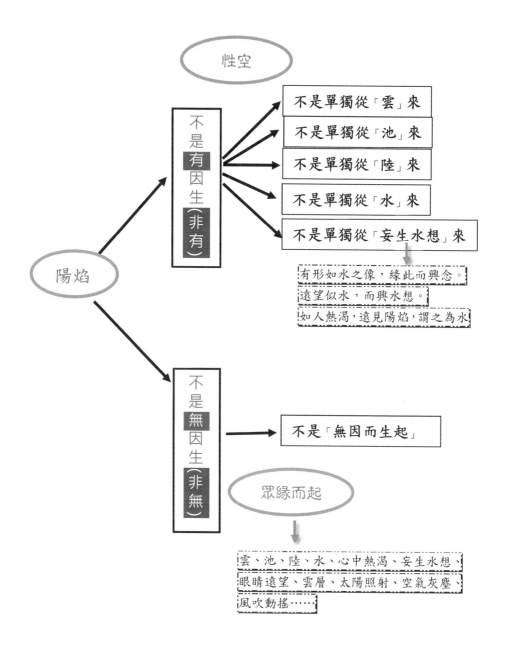

六、〈如來隨好光明功德品〉的「緣起性空」義

在《華嚴經》中只有〈阿僧祇品〉與〈如來隨好光明功德品〉這兩品是毘盧遮那佛「無問自說」之經文,此在《華嚴經》是為非常稀有之事,

在《新華嚴經論》中,李通玄解釋說:「〈阿僧祇品〉世間數法,廣大難量,唯佛究竟,不屬五位中因果門,故是佛自位內法門,還佛自說。〈隨好光明功德品〉則是如來自成因果,後佛自說法爾之力,恒常福智光明之法門……除此二品經外,諸餘三十八品,皆是五位之內行相法門。是故佛不自說,總令十信十住十行等當位之內菩薩自說。」[108]〈如來隨好光明功德品〉是闡明「佛果功德」最圓滿、最高峰的究極境界,故佛陀乃「無問自說」。

「如來」是人,「隨好」是如來身上所放出的微妙相好「光明」,故稱為「隨好光明」,凡是經此光明所照耀之處,皆能令眾生轉迷成悟,而得解脫之利益,故稱為「功德」,所以全名稱為〈如來隨好光明功德品〉,在六十《華嚴》中則稱〈佛小相光明功德品〉,或簡稱為〈隨好品〉[109]。〈如來隨好光明功德品〉在《華嚴經》的「序分、正宗分、流通分」三分科判中都是位於「正宗分」,內容主要是闡明「修因感果」之次第程序,顯示「因果不二」的圓融之理,從而利益眾生的不思議威德力。在〈如來隨好光明功德品〉中有一段經文云:

> 諸天子!如我音聲不從東方來,不從南西北方、四維上下來;業報成佛亦復如是,非十方來……地獄及身非十方來,但由於汝顛倒惡業愚癡纏縛,生地獄身,此無根本、無有來處……此光明非十方來。諸天子!我天鼓音亦復如是,非十方來……而此樂具非十方來;我天鼓音亦復如是,非十方來。[110]

---

[108] 參唐·李通玄《新華嚴經論》卷 1。詳 CBETA, T36, no. 1739, p. 725, c。

[109] 據澄觀《大方廣佛華嚴經疏》卷 4〈1 世主妙嚴品〉云:「從第二會至第七會中〈隨好品〉,名差別因果」。詳 CBETA, T35, no. 1735, p. 527, b。

[110] 參《大方廣佛華嚴經》卷 48〈35 如來隨好光明功德品〉。詳 CBETA, T10, no. 279, p. 256, a。

上述經文與六十《華嚴經》大同小異，整理比對後如下表所示：

東晉・佛馱跋陀羅譯六十《大方廣佛華嚴經》卷32	唐・實叉難陀譯八十《大方廣佛華嚴經》卷48
〈30 佛小相光明功德品〉	〈35 如來隨好光明功德品〉
⑴諸天子！如我音聲，不從東方，南、西、北方，四維，上、下來，諸天子！	⑴諸天子！如我音聲不從東方來，不從南西北方、四維上下來；
⑵業報成佛亦復如是，非十方來。	⑵業報成佛亦復如是，非十方來。
⑶諸天子！猶如汝等昔在地獄，不從十方來，但以顛倒愚癡纏故，得地獄身，本無來處。	⑶諸天子！譬如汝等昔在地獄，地獄及身非十方來，但由於汝顛倒惡業愚癡纏縛，生地獄身，此無根本、無有來處。
⑷如普照王光明，不從十方來。	⑷諸天子！毘盧遮那菩薩威德力故放大光明，而此光明非十方來。
⑸我天音聲亦復如是，非十方來，但以三昧善根力故出生如是微妙音聲，般若波羅蜜力故示現如是自在神力。	⑸諸天子！我天鼓音亦復如是，非十方來，但以三昧善根力故，般若波羅蜜威德力故，出生如是清淨音聲，示現如是種種自在。
⑹諸天子！譬如須彌山王有三十三天淨妙宮殿種種樂具，不從十方來，我天音聲亦復如是。	⑹諸天子！譬如須彌山王有三十三天上妙宮殿種種樂具，而此樂具非十方來；我天鼓音亦復如是，非十方來。
出處：CBETA, T09, no. 278, p. 605, a	出處：CBETA, T10, no. 279, p. 256, a

經文中舉了「音聲、業報成佛、地獄及身、光明、天鼓音、樂具」六件事情皆「非十方來」，但也不可能是「無因而生」。這六件事情的生起並不是從十方來，滅時也不會到十方去，而是在「眾因緣和合」下所生起的作用，「緣合」則生起，「緣滅」則消逝，沒有「根本」，也沒有真實的「來處、去處」。著解《華嚴經》的澄觀大師也這樣解釋說：

何以並言「非十方來」？故今釋云：正由從業，即是從「緣」，無性來

即「無來」。若不從「緣」，則有「定性」，不得「無來」。《中論》云：「若法從緣生，是即無定性，若無定性者，云何有是法？」即「因緣」故「空義」耳。[111]

如果離開「因緣」，那就會變成「有來有去」，如果是從「眾緣生起」，即是「無自性、無定性」，則是「無來無去」的一種「空義」。

除了上述六件事的「無來無去、不從十方來」的道理，也適用於其餘的諸法，如《華嚴經》〈十忍品〉云：「諸天種種食，不從十方來，隨彼所修業，自然食在器。」[112]「不從十方來」與「從眾緣生起」同時出現的道理在其餘經論中隨時可見，如《大智度論》中云：「諸緣合故有，諸緣離故滅。善男子！諸佛身亦如是，從本業因緣果報生，生不從十方來，滅時亦不去至十方；但諸緣合故有，諸緣離故滅。」[113]在《佛說佛母出生三法藏般若波羅蜜多經》則詳細的說：

> 善男子！又如大海出種種寶，是寶不從東方而來，亦復不從南西北方四維上下諸方而來，但是一切眾生所作福業共感報應。是故大海出諸珍寶，是寶一一從因緣生，亦不無因緣生。因緣和合即有，因緣散滅即無。有亦不從十方來，無亦不至十方去。諸如來身亦復如是，不從十方來、不至十方去，但以因緣和合所生，不住因緣法，亦不無因緣生。因緣和合即生，因緣離散即滅。生亦不從十方來，滅亦不至十方去。[114]

---

[111] 參《大方廣佛華嚴經隨疏演義鈔》卷78〈35 如來隨好光明功德品〉。詳 CBETA, T36, no. 1736, p. 610, b。

[112] 參《大方廣佛華嚴經》卷28〈24 十忍品〉。詳 CBETA, T09, no. 278, p. 583, c。

[113] 參《大智度論》卷99〈89 曇無竭品〉。詳 CBETA, T25, no. 1509, p. 745, b。

[114] 參《佛說佛母出生三法藏般若波羅蜜多經》卷25〈31 法上菩薩品〉。詳 CBETA, T08, no. 228, p. 674, b。

在《大威德陀羅尼經》中則舉「聲音」不從「東南西北、上下方」，但從「眾緣和合」而有，經云：「彼聲不從東方，不從南方，不從西方，不從北方，不從上方，不從下方，世尊，聲若可見者應有聚積，佛言童子，是音聲雖不可見，而生耳識覺知之相，亦起愛憎，聲不可見，但以聞時而生苦樂……一切合集，眾緣合者，彼皆無實。」[115]

既然「音聲、業報成佛、地獄及身、光明、天鼓音、樂具」這六件事情都沒有真實的「根本」，也沒有真實的來處、去處，那麼就可通達諸佛如來為何是「無來無去」及諸法為何是「無生無滅」的境界，甚至決定可得「阿耨菩提」法，如《佛說佛母出生三法藏般若波羅蜜多經》中所云：「善男子！汝當如是如實了知諸佛如來無來無去，若知諸佛無來去故，即住一切法無生無滅。如是知者，是行般若波羅蜜多善巧方便，決定得成阿耨多羅三藐三菩提。」[116]

八十《華嚴經》的〈如來隨好光明功德品〉另一段經文云：

諸天子！菩薩知諸業不從東方來，不從南西北方、四維上下來，而共積集，止住於心；但從顛倒生，無有住處……諸所作業、六趣果報，十方推求悉不可得……一切諸業亦復如是，雖能出生諸業果報，無來去處……若如是知，是真實懺悔，一切罪惡悉得清淨。[117]

這段經文與六十《華嚴經》整理比對後如下表所示：

---

[115] 參《大威德陀羅尼經》卷4。詳 CBETA, T21, no. 1341, p. 772, c。

[116] 參《佛說佛母出生三法藏般若波羅蜜多經》卷25〈31 法上菩薩品〉。詳 CBETA, T08, no. 228, p. 674, b。

[117] 參《大方廣佛華嚴經》卷48〈35 如來隨好光明功德品〉。詳 CBETA, T10, no. 279, p. 256, c。

東晉・佛馱跋陀羅譯六十《大方廣佛華嚴經》卷 32	唐・實叉難陀譯八十《大方廣佛華嚴經》卷 48
〈30 佛小相光明功德品〉	〈35 如來隨好光明功德品〉
⑴時,諸天子聞是聲已,皆大歡喜,心意柔軟,問天聲曰:菩薩摩訶薩云何悔過?	⑴時,諸天子聞是語已,得未曾有,心大歡喜而問之言:菩薩摩訶薩云何悔除一切過惡?
⑵爾時,天聲以菩薩摩訶薩三昧力故、天善根力故,答諸天子言:業障等罪,不從東方,南、西、北方,四維,上、下來,積聚於心。菩薩摩訶薩知此業等,因顛倒起,不生疑惑……	⑵爾時,天鼓以菩薩三昧善根力故,發聲告言:諸天子!菩薩知諸業不從東方來,不從南西北方、四維上下來,而共積集,止住於心;但從顛倒生,無有住處。菩薩如是決定明見,無有疑惑……
⑶所作諸業,於十方求,悉不可得……	⑶諸所作業、六趣果報,十方推求悉不可得……
⑷諸天子!於意云何,彼諸影像來入鏡不? 答言:不也。	⑷諸天子!於汝意云何?彼諸影像可得說言來入鏡中、從鏡去不? 答言:不也。
⑸諸天子!一切業報亦復如是,無來去處而能出生善根果報。	⑸諸天子!一切諸業亦復如是,雖能出生諸業果報,無來去處。
⑹譬如幻師,能幻人目,當知諸業亦復如是。若如是知,是名清淨真實悔過。	⑹諸天子!譬如幻師幻惑人眼,當知諸業亦復如是。若如是知,是真實懺悔,一切罪惡悉得清淨。
出處:CBETA, T09, no. 278, p. 605, c	出處:CBETA, T10, no. 279, p. 256, c

　　經文的意思是在問如何懺悔一切的罪惡?菩薩便回答說「諸罪業」不從「十方」來,是從「顛倒」所產生;「諸罪業」並沒有真實一定的「住處」;「諸罪業」也不從鏡中入,亦不從鏡中出;「諸罪業」也沒有真實的「來處、去處」。如果能真樣的「觀修」的話,那才是名為真實的懺悔,所有一切的罪惡才會獲得清淨。

　　從佛法的「真諦、第一義諦」來說，「業力」與「因果」仍然是一種「緣起法」，是憑藉「眾緣」而生起作用，所以「業力」仍然具有「無常、無我、性空」的本質。就如《摩訶般若波羅蜜經》中所說：「世諦故，分別說有果報，非第一義。第一義中不可說因緣果報。何以故？是第一義實無有相、無有分別亦無言說。所謂色乃至有漏無漏法，不生不滅相、不垢不淨，畢竟空、無始空故。」[118]「業力」雖「有」而「性空」，如《中論》所云：「雖空亦不斷，雖有亦不常，業果報不失，是名佛所說。」[119]「業力」如同「夢幻」一樣，沒有「常一不變」的「造業者、受報者」及「業因、業果」者，這是「業力」真實不變的本性。《維摩詰所說經》說：「無我無造無受者，善惡之業亦不亡。」[120]雖然「無我」，但「業力果報」也不是「斷滅虛無」，所謂的「作、作者」、「受、受者」、「業報、果報」等，都沒有真實的「自性」可得。「業力」既然非是「真實可得」；相對的「業力」也不會是「虛無斷滅」。《中論》上也說：「若無罪福報，亦無有涅槃，諸可有所作，皆空無有果」[121]如果沒有了「因果業報」，那麼世出世間的一切法都不能成立，連「涅槃」的聖道也不可得了！無怪乎唐・永嘉 玄覺（665～713）大師的《永嘉證道歌》上說：「了則業障本來空，未了應須還凤債」。[122]

　　從《中觀》的立場來說，唯有「緣起性空」才能成立真正的「因果業報」論，「因」與「果」是「非一非異」的，是「無實自性」的。如〈觀因果品〉云：「因果是一者，是事終不然；因果若異者，是事亦不然」。(白話解釋為「原因」與「結果」一定 100% 相同，那絕不可能的。又「原因」與「結果」一定是完全不同，那也絕不可能的。如果我們想以「同一、差異、存在、非存在」等來解釋因果關係，都會碰到無法超越的困難)。

---

[118] 參《摩訶般若波羅蜜經》卷 24〈78 四攝品〉。詳 CBETA, T08, no. 223, p. 397, b。
[119] 參《中論》卷 3〈17 觀業品〉。詳 CBETA, T30, no. 1564, p. 22, c。
[120] 參《維摩詰所說經》卷 1〈1 佛國品〉。詳 CBETA, T14, no. 475, p. 537, c
[121] 參《中論》卷 2〈8 觀作作者品〉。詳 CBETA, T30, no. 1564, p. 12, c。
[122] 參《永嘉證道歌》。詳 CBETA, T48, no. 2014, p. 396, c。

又云：「若因果是一，生及所生一；若因果是異，因則同非因」。[123]（白話解釋為「原因」與「結果」若是完全「同一」的，則「能生」的東西，與「被生」的東西便是完全一樣了，那誰當「能生」？誰當「所生」？但若「原因」與「結果」是完全「別異」的話，則「原因」就會和「不是原因」的東西相同了，那就又回到「海水」等同於「手機」，「石頭」等同於「電腦」的理論）。「因果」是隨眾生「業感」而有種種的「生滅變化」，這種種「生滅變化」又是那麼「無常、不可捉摸、無一定法、無一定則」，「因果業力」本身並無真正的「實體」可得。

　　除了《華嚴經》〈如來隨好光明功德品〉中談到「業力」不從「十方上下來」的道理外，在《金剛上味陀羅尼經》中佛陀也說「貪瞋癡」時是不從「十方上下來」，如云：「佛言：文殊師利！言貪欲者，彼貪不從東方而來而染眾生，非南西北上下方來而染眾生，不從內生而染眾生，不從外來而染眾生。文殊師利！貪欲瞋癡皆是內心分別故生而見有染淨……若法不生，從本以來不在內外。」[124]

　　在《大威德陀羅尼經》中世尊開示說所謂的「分別」亦不從「十方上下來」來，如云：「所有分別者，彼不從東方來、不從南方、不從西方、不從北方來、不從上方、不從下方來。亦不從方，不從非方，如是如是。若不來者，彼當何處去？如是既不來者，彼非來相。若無所去，彼來亦不可見。若非去相，彼即無相。是故言一切諸法無有相耶！」[125]

　　在《佛說摩訶衍寶嚴經》則舉「燃燈除暗冥」為法義，當「暗冥」被除滅時，也不會從「十方」離去，如云：「譬如然燈，諸冥悉除，此闇無所從來，亦無所至，不從東方、南方、西方、北方而來，亦不至彼。如

---

[123] 參《中論》卷3〈20 觀因果品〉。詳 CBETA, T30, no. 1564, p. 27, b。

[124] 參《金剛上味陀羅尼經》。詳 CBETA, T21, no. 1344, p. 851, a。

[125] 參《大威德陀羅尼經》卷7。詳 CBETA, T21, no. 1341, p. 788, c。

是迦葉！智慧已生、無智即滅，此無智者，無所從來、亦無所至。」[126]

在《大威德陀羅尼經》則說「身體和合」所成的「色身」並不是從「十方」來為例，如云：「謂自身體和合諸骨和合筋依肉血生，凡有生者彼名為色。然彼色者不從東方來、不從南西北方來。唯因業煩惱果報，故彼無有相。」[127]

既然不從「十方來」，就不會從「十方去」，這樣所有的「五陰、六入、十二處、十八界」……等諸法就都有具有「無來無去」的性質。如《楞嚴經》所云：「乃至五陰、六入，從十二處至十八界。因緣和合，虛妄有生；因緣別離，虛妄名滅……性真常中，求於去、來、迷、悟、生、死，了無所得。」[128]

七、結論

本論從《華嚴經》〈十定品〉中獲知「陽焰」不從「雲、池、陸、水」中而生，乃是「眾因緣」而生，既是「緣起」，則必為「性空」的「非有非無」。在大乘佛典中以不是從「A 來、B 來、C 來、D 來……」的經文方式來闡述「緣起性空」之理非常的多，如《大法炬陀羅尼經》云：「如此聲者，從何所來？為從絃生？為從柱出？為棍有耶？為檀作乎？……今此聲者虛妄不實，假眾因緣和合而有。」[129]如《金剛上味陀羅尼經》云：「佛言：文殊師利！譬如鑽火有燧(即指「陽遂」➔古代利用日光取火的凹面銅鏡)、有草、人手、功力(等等之)眾緣具故。先有煙出，然後火生。而火不在(獨立之)燧(凹

---

[126] 參《佛說摩訶衍寶嚴經》。詳 CBETA, T12, no. 351, p. 196, c。
[127] 參《大威德陀羅尼經》卷 15。詳 CBETA, T21, no. 1341, p. 817, a。
[128] 參《大佛頂如來密因修證了義諸菩薩萬行首楞嚴經》卷 2。詳 CBETA, T19, no. 945, p. 114, a。
[129] 參《大法炬陀羅尼經》卷 5〈10 忍校量品〉。詳 CBETA, T21, no. 1340, p. 683, a。

面銅鏡)中、(獨立之)鑽中，(亦)非(獨立之)草、手中，(乃)眾緣和合而生於火。」[130] 及《十住毘婆沙論》云：「燈炎不在油，亦不從炷出，亦不餘處來，而因油炷有。因緣盡則滅，滅時無去處，諸法來去相，皆亦復如是。」[131]甚至在《楞嚴經》中更是到處可見這種講法的「方式」。[132]足見「緣起性空」並非是《中論》的專利，而是囊括了所有的大小乘佛典經論。

　　《華嚴經》在〈如來隨好光明功德品〉中二段經文皆云：「音聲、業報成佛、地獄及身、光明、天鼓音、樂具、業障惡罪」皆「不從十方來」，進而說明其與《中論》「觀因緣品」「諸法不自生，亦不從他生，不共不無因，是故知無生」[133]有著相同的哲學邏輯，進而推出所有的諸法都具有「無來無去，不生不滅」的性質，如《華嚴經》〈入法界品〉云：「了達一切諸法，如夢如幻，如影如像，無來無去，不生不滅」[134]、〈十地品〉云：「菩薩如是觀一切有為法真實相，知諸法無作、無起、無來、無去。」[135]〈十明品〉云：「知一切法悉無有性；知一切法無來、無去。」[136]

---

[130] 參《金剛上味陀羅尼經》。詳 CBETA, T21, no. 1344, p. 851, b。

[131] 參《十住毘婆沙論》卷 17〈33 助尸羅果品〉。詳 CBETA, T26, no. 1521, p. 117, b。

[132] 如《楞嚴經》經文云：「如是流性，不因空生，不因水有，亦非水性，非離空、水」。「當知是見，非明、暗來，非於根出，不於空生」。「當知是聞，非動、靜來，非於根出，不於空生」。「當知是聞，非通、塞來，非於根出，不於空生」。「嘗苦、淡知，非甜、苦來，非因淡有，又非根出，不於空生」。「當知是覺，非離、合來，非違、順有，不於根出，又非空生」。「當如是覺知之根，非寤、寐來，非生、滅有，不於根出，亦非空生」。「此火為從鏡中而出？為從艾出？為於日來？」「此水為復從珠中出？空中自有？為從月來？」「此風為復出袈裟角？發於虛空？生彼人面？」「此空當因土所出？因鑿所有？無因自生？」「此識了知，為生於見？為於相？為生虛空？為無所因，突然而出？」以上參見《大佛頂如來密因修證了義諸菩薩萬行首楞嚴經》。詳 CBETA, T19, no. 945,不再詳例卷數頁碼。

[133] 參《中論》卷 1〈1 觀因緣品〉。詳 CBETA, T30, no. 1564, p. 2, b。

[134] 參《大方廣佛華嚴經》卷 74〈39 入法界品〉。詳 CBETA, T10, no. 279, p. 404, b。

[135] 參《大方廣佛華嚴經》卷 24〈22 十地品〉。詳 CBETA, T09, no. 278, p. 551, b。

[136] 參《大方廣佛華嚴經》卷 24〈22 十地品〉。詳 CBETA, T09, no. 278, p. 551, b。

　　據前人的研究成果整理出龍樹《中論》的哲學約有十餘種，本論只就「緣起性空」哲學與《華嚴經》〈十定品〉、〈如來隨好光明功德品〉兩段經文為例，期望將來能將《中論》的所有哲學與《華嚴經》義理與相關「著疏」作研究比對，進而提升《中論》在《華嚴經》中的地位，也提醒研究《華嚴經》者不可忽略《中論》的「緣起性空」般若義理。

參考文獻

（底下 1~4 皆從 CBETA 電子佛典集成 April 2016 中所檢索）

1. 《大方廣佛華嚴經》。

2. 《大方廣佛華嚴經疏》。

3. 《大方廣佛華嚴經隨疏演義鈔》。

4. 《中論》。

5. 《等目菩薩所問三昧經》。

6. 梶山雄一著，吳汝鈞譯《佛教中觀哲學》。高雄佛光出版社。67 年。

7. 吳汝鈞著《印度中觀哲學》。台北圓明。82、8。

8. 吳汝鈞著《印度佛學的現代詮釋》。台北文津。83、6。

9. 吳汝鈞著《龍樹中論的哲學解讀》。台灣商務書局。1999、6。

10. 楊惠南《龍樹與中觀哲學》。台北東大。81、10。再版。

11. 陳學仁《龍樹菩薩中論八不思想探究》。佛光文化事業出版。1998、5。

12. 李潤生《中論析義》(上、下冊)。香港佛教志蓮圖書館。時憲弘法基金有限公司。1999。

13. 韓廷傑釋譯《中論》。佛光文化事業出版。2002、11 五刷。

14. 果昱法師《中觀論頌直了》。台北法鼓文化出版。1997、8。

附錄：引用《中論》解《華嚴經》的案例

《大方廣佛華嚴經》	《大方廣佛華嚴經疏》
《大方廣佛華嚴經》卷 2〈1 世主妙嚴品〉： 妙焰海大自在天王，得法界、虛空界寂靜方便力解脫門；自在名稱光天王，得普觀一切法悉自在解脫門；清淨功德眼天王，得知一切法不生、不滅、不來、不去、無功用行解脫門。 (CBETA, T10, no. 279, p. 5, c)	《大方廣佛華嚴經疏》卷 6〈1 世主妙嚴品〉： 初不生滅略有五義。一就遍計……二就緣起性。謂法無自體，攬緣而起，即生無生。既本不生故，無可滅也。又緣起無性故不生，無性緣起故不滅。《中論》云：「以有空義故，一切法得成」。是故不生即不滅，不滅即不生，為一物也。 (CBETA, T35, no. 1735, p. 542, b)
《大方廣佛華嚴經》卷 12〈8 四聖諦品〉： 諸佛子！所言苦滅聖諦者，彼離垢世界中，或名：無等等，或名：普除盡，或名：離垢，或名：最勝根，或名：稱會，或名：無資待，或名：滅惑，或名：最上，或名：畢竟，或名：破印。 (CBETA, T10, no. 279, p. 60, c)	《大方廣佛華嚴經疏》卷 13〈8 四聖諦品〉： 今云破印永不生也，道名諸有邊者，照實即生死可盡也。故《中論》云：「真法及說者、聽者難得故，是故則生死非有邊無邊」。 (CBETA, T35, no. 1735, p. 594, a)
《大方廣佛華嚴經》卷 12〈8 四聖諦品〉： 諸佛子！此娑婆世界所言苦聖諦者，彼攝取世界中，或名：能劫奪，或名：非善友，或名：多恐怖，或名：種種戲論，或名：地獄性，或名：非實義，或名：貪欲擔，或名：深重根，或名：隨心轉，或名：根本空。 (CBETA, T10, no. 279, p. 61, a)	《大方廣佛華嚴經疏》卷 13〈8 四聖諦品〉： 根本空者，約性以說，同《淨名》五受陰洞達空故。集中由妄惑故，愛見羅剎橫相執取。妄體本空故，無可取故。《中論》云：「虛誑妄取者，是中何所取？佛說如是，法欲以示空義」。 (CBETA, T35, no. 1735, p. 594, a)
《大方廣佛華嚴經》卷 5〈5 如來光明覺品〉： 爾時，一切處文殊師利以偈頌曰：離諸人天樂，常行大慈心……觀身如實相，一切皆寂滅，離我非我著，是彼淨妙業。 (CBETA, T09, no. 278, p. 424, a)	《大方廣佛華嚴經疏》卷 13〈9 光明覺品〉： 身實相者。如《淨名》「觀佛前際不來」等。又如《法華》「不顛倒」等。《中論》法品云：「諸法實相者，心行言語斷，無生亦無滅」……又云：「諸佛或說我，或說於無我。諸法實相中，無我無非我」。 (CBETA, T35, no. 1735, p. 598, a)
《大方廣佛華嚴經》卷 13〈9 光明覺品〉： 文殊師利菩薩，各於佛所，同時發聲，說此頌言……佛法微妙難可量，一切言說莫能及，非是和合非不合，體性寂滅無諸相。佛身無生超戲論，非是蘊聚差別法。	《大方廣佛華嚴經疏》卷 13〈9 光明覺品〉： 而復謂佛是非有非無，還成戲論。《中論》云：「戲論破慧眼，是皆不見佛」。故次遣之。

(CBETA, T10, no. 279, p. 64, c)	(CBETA, T35, no. 1735, p. 598, b)
《大方廣佛華嚴經》卷13〈10 菩薩問明品〉： 時，寶首菩薩以頌答曰：隨其所行業，如是果報生，作者無所有，諸佛之所說。譬如淨明鏡，隨其所對質，現像各不同，業性亦如是……如機關木人，能出種種聲，彼無我非我，業性亦如是。 (CBETA, T10, no. 279, p. 66, c)	《大方廣佛華嚴經疏》卷14〈10 菩薩問明品〉： 謂此業體以無性之法，而為其性，不失業果之相，而為其性。由無性故，能成業果；由不壞相，方顯真空。故《中論》云：「雖空亦不斷，雖有而不常，業果亦不失，是名佛所說」。不失業果，方顯中道，又如鏡現穢像，非直不污鏡，淨亦乃由此。 (CBETA, T35, no. 1735, p. 607, c)
《大方廣佛華嚴經》卷16〈14 須彌頂上偈讚品〉： 爾時，功德慧菩薩……而說頌言：諸法無真實，妄取真實相……若得見於佛，其心無所取，此人則能見，如佛所知法。 (CBETA, T10, no. 279, p. 82, b)	《大方廣佛華嚴經疏》卷17〈14 須彌頂上偈讚品〉： 故無所取，何有能見？……故《中論》云：「如來寂滅相，分別有亦非，如是性空中，思惟亦不可」。 (CBETA, T35, no. 1735, p. 629, c)
《大方廣佛華嚴經》卷16〈14 須彌頂上偈讚品〉： 爾時，真實慧菩薩承佛威力，普觀十方而說頌言……於實見真實，非實見不實，如是究竟解，是故名為佛。 (CBETA, T10, no. 279, p. 83, a)	《大方廣佛華嚴經疏》卷17〈14 須彌頂上偈讚品〉： 夫實見者，尚不見實，何況非實？見非實者，知其即實。故《中論》云：「一切法真實，一切法非實，亦實亦非實，非實非非實，是名諸佛法」。 (CBETA, T35, no. 1735, p. 632, a)
《大方廣佛華嚴經》卷17〈16 梵行品〉： 若佛是梵行者，為色是佛耶？受是佛耶？想是佛耶？行是佛耶？識是佛耶？為相是佛耶？好是佛耶？神通是佛耶？業行是佛耶？果報是佛耶？ (CBETA, T10, no. 279, p. 88, b)	《大方廣佛華嚴經疏》卷19〈16 梵行品〉： 第七觀「佛」十事，觀於三身……今一一推徵。若一是佛餘者應非，一一皆佛則有多佛，和合成佛則無自性。故《中論》云：「非陰不離陰，此彼不相在，如來不有陰，何處有如來。陰合為如來，則無有自性」。進退推求佛體寂滅。尚非是有豈當是無。「邪見深厚者，則說無如來。諸法性空中，思惟亦不可」。是知真佛既超心境，依斯成行行豈相耶？ (CBETA, T35, no. 1735, p. 641, c)
《大方廣佛華嚴經》卷19〈20 夜摩宮中偈讚品〉： 爾時，精進林菩薩……而說頌言：諸法無差別，無有能知者，唯佛與佛知，智慧究竟故。如金與金色，其性無差別，法非法亦然，體性無有異。	《大方廣佛華嚴經疏》卷21〈20 夜摩宮中偈讚品〉： 法者，可軌之法也。非法者，不可軌之法也。又法謂有法，非法謂無故。《中論》釋：「法不生非法」。云有不生無故，體性無異者，謂同如故。

(CBETA, T10, no. 279, p. 101, b)	(CBETA, T35, no. 1735, p. 656, c)
《大方廣佛華嚴經》卷21〈22 十無盡藏品〉： 何等為無記法？謂：世間有邊，世間無邊，世間亦有邊亦無邊，世間非有邊非無邊；世間有常，世間無常，世間亦有常亦無常，世間非有常非無常；如來滅後有，如來滅後無，如來滅後亦有亦無，如來滅後非有非無」。 (CBETA, T10, no. 279, p. 112, b)	《大方廣佛華嚴經疏》卷24〈22 十無盡藏品〉： 外道計以為我故，有邊等諸見。初有邊四句，約未來世。常等四句，約過去世。如來有無依涅槃起。故《中論》〈邪見品〉云：「我於過去世，為有為是無？世間常等見，皆依過去世。我於未來世，為作為無作？有邊等諸見，皆依未來世」。〈涅槃〉云：「如來滅後有無等」，依涅槃起」。我及眾生有無四句，約現在說。 (CBETA, T35, no. 1735, p. 678, a)
《大方廣佛華嚴經》卷21〈22 十無盡藏品〉： 何者為生死最初際？何者為生死最後際？是名無記法。 (CBETA, T10, no. 279, p. 112, b)	《大方廣佛華嚴經疏》卷24〈22 十無盡藏品〉： 第五約生死初後際，唯有二句。問初際無始，聖教所明……《中論》云：「大聖之所說，本際不可得，生死無有始，亦復無有終。若無有始終，中當云何有？是故於此中，先後共亦無」。既言本際不可得，亦不應定謂無始無終，況有始終之見耶？ (CBETA, T35, no. 1735, p. 679, a)
《大方廣佛華嚴經》卷 24〈25 十迴向品〉： 菩薩如是了達境界，知一切法因緣為本，見於一切諸佛法身，至一切法離染實際，解了世間皆如變化，明達眾生唯是一法、無有二性。 (CBETA, T10, no. 279, p. 132, a)	《大方廣佛華嚴經疏》卷27〈25 十迴向品〉： 總中由上觀故，能知因緣。何等因緣？謂一切法若漏、無漏，為無為等，皆以因緣而為其本。云何為本？謂因緣故有，因緣故空；因緣故不有，因緣故不空；因緣故流轉，因緣故還滅，乃至一切皆由因緣故。《中論》云：「未曾有一法，不從因緣生」……由觀因緣得見佛等，是故因緣為諸法本。 (CBETA, T35, no. 1735, p. 705, c)
《大方廣佛華嚴經》卷 25〈25 十迴向品〉： 佛子！菩薩摩訶薩如是迴向時……不取法；不謂生死有分別，不謂涅槃恒寂靜，不謂如來證佛境界；無有少法，與法同止。 (CBETA, T10, no. 279, p. 134, a)	《大方廣佛華嚴經疏》卷27〈25 十迴向品〉： 以緣就實，生死即涅槃故，無妄分別。以實從緣，涅槃即生死故，非真寂靜故。《中論》云：「涅槃之實際，及與世間際，如是二際者，無毫釐差別」。 (CBETA, T35, no. 1735, p. 708, b)
《大方廣佛華嚴經》卷34〈26 十地品〉：	《大方廣佛華嚴經疏》卷 34〈26 十地

佛子！此菩薩復作是念：諸佛正法，如是甚深，如是寂靜，如是寂滅，如是空，如是無相，如是無願，如是無染，如是無量，如是廣大。 (CBETA, T10, no. 279, p. 182, b)	品〉： 寂靜甚深，謂法體離於妄計實有，故名寂靜。自是妄計，於中正取，非本不寂。《中論》云：「虛誑妄取者，是中何所取」……依自利利他，增上智觀，故云廣大。 (CBETA, T35, no. 1735, p. 766, a)
《大方廣佛華嚴經》卷37〈26 十地品〉：菩薩如是隨順觀察緣起之相。佛子！此菩薩摩訶薩復作是念：於第一義諦不了故名：無明……若有作者，則有作事；若無作者，亦無作事，第一義中俱不可得。 (CBETA, T10, no. 279, p. 193, c)	《大方廣佛華嚴經疏》卷 40〈26 十地品〉： 論云：隨順觀世諦，即入第一義故。俗為真詮，了俗無性，方見真耳。《中論》云：「若不知世諦，不得第一義」。故此觀有六…… (CBETA, T35, no. 1735, p. 807, a)
《大方廣佛華嚴經》卷37〈26 十地品〉：於行迷惑是無明，與無明及心共生是名色……老壞為死。佛子！此中無明有二種業，一令眾生迷於所緣，二與行作生起因。 (CBETA, T10, no. 279, p. 194, a)	《大方廣佛華嚴經疏》卷 40〈26 十地品〉： 若唯不離無明有行，則成太即……故論主引《中論》偈云：「眾因緣生法…是則不即因，亦復不異因，非斷亦非常」。 (CBETA, T35, no. 1735, p. 809, a)
《大方廣佛華嚴經》卷25〈22 十地品〉：如是逆順十種「觀十二因緣法」，所謂：因緣分次第，心所攝，自助成法，不相捨離，隨三道行，分別先、後際，三苦差別，從因緣起，生滅縛，無所有盡觀。 (CBETA, T09, no. 278, p. 559, a)	《大方廣佛華嚴經疏》卷 40〈26 十地品〉： 次句假他遣自。故《中論》云：「如諸法自性，不在於緣中」也。下二句例然……但「因緣生果」各有二義……故云「因不生緣生」故。云不自生……故不他生……故不共生。 (CBETA, T35, no. 1735, p. 811, a) 《大方廣佛華嚴經疏》卷 40〈26 十地品〉： 又《中論》云：「和合即無性，云何和合生？」次無明滅下逆觀，謂滅，但滅於繫縛。 (CBETA, T35, no. 1735, p. 811, c)
《大方廣佛華嚴經》卷44〈29 十忍品〉：佛子！云何為菩薩摩訶薩如幻忍？佛子！此菩薩摩訶薩知一切法，皆悉如幻，從因緣起，於一法中解多法，於多法中解一法……了達三世平等，成就種種神通變化。 (CBETA, T10, no. 279, p. 232, b)	《大方廣佛華嚴經疏》卷 46〈29 十忍品〉： 今經云「從因緣起」，能起即第二，所起即第三……然緣亦從緣故，緣果俱幻。《中論》云：「譬如幻化人，復作幻化人」即斯意也。 (CBETA, T35, no. 1735, p. 853, c)

《大方廣佛華嚴經》卷 69〈39 入法界品〉：	《大方廣佛華嚴經疏》卷 58〈39 入法界品〉：
善男子！我得菩薩解脫，名：寂靜禪定樂普遊步……悉皆明覩而無取著。何以故？知諸如來非去，世趣永滅故；非來，體性無生故；非生，法身平等故；非滅，無有生相故；非實，住如幻法故；非妄，利益眾生故；非遷，超過生死故；非壞，性常不變故；一相，言語悉離故；無相，性相本空故。 (CBETA, T10, no. 279, p. 372, b)	文有「十非」，大同《中論》「八不」。謂：「不去不來、不生不滅」為四。其「非實非妄」即是不常，「非遷非壞」即是不斷。「一相」即非異，「無相」亦非一。 (CBETA, T35, no. 1735, p. 942, a)

《大方廣佛華嚴經》	《大方廣佛華嚴經隨疏演義鈔》
《大方廣佛華嚴經》卷 44〈29 十忍品〉： 虛空無體性，亦復非斷滅，亦無種種別，智力亦如是。虛空無初際，亦復無中後，其量不可得，菩薩智亦然。如是觀法性，一切如虛空。 (CBETA, T10, no. 279, p. 237, a)	《大方廣佛華嚴經隨疏演義鈔》卷 1： 若約絕際，妄無妄源。豎無初際，既無有始，豈得有終？故絕後際。《中論》云：「大聖之所說，本際不可得，生死無有始，亦復無有終。若無有始終，中當云何有？是故於此中，先後共亦無」。 (CBETA, T36, no. 1736, p. 1, b)
《大方廣佛華嚴經》卷 16〈14 須彌頂上偈讚品〉： 大智善見者，如理巧安住。無中無有二，無二亦復無，三界一切空，是則諸佛見。凡夫無覺解，佛令住正法，諸法無所住，悟此見自身。 (CBETA, T10, no. 279, p. 83, b)	《大方廣佛華嚴經隨疏演義鈔》卷 1： 《中論》云：「諸佛說空法，為除於有見。若復見有空，諸佛所不化」，故知非有非無也。非有即空，非無即空空也。經云：「無中無有二，無二亦復無。三界一切空，是則諸佛見」。此即空空也。 (CBETA, T36, no. 1736, p. 6, c)
《大方廣佛華嚴經》卷 16〈14 須彌頂上偈讚品〉： 爾時，智慧菩薩承佛威力，普觀十方而說頌言：……有諍說生死，無諍即涅槃，生死及涅槃，二俱不可得。 (CBETA, T10, no. 279, p. 82, c)	《大方廣佛華嚴經隨疏演義鈔》卷 1：若約生死涅槃說者，生死即涅槃，妄徹真也。涅槃即生死，真徹妄也。故《中論》云：「生死之實際，即是涅槃際。涅槃之實際，即是生死際。如是二際者，無毫釐差別」，即交徹也。此下經云：「有諍說生死，無諍說涅槃。生死及涅槃，二俱不可得」。亦俱空俱有，交徹義也。 (CBETA, T36, no. 1736, p. 8, b)
《大方廣佛華嚴經》卷 49〈36 普賢行品〉： 知身無有盡，無生亦無滅，非常非無常，	《大方廣佛華嚴經隨疏演義鈔》卷 6： 《中論》偈云：「因緣所生法，我說即是空，亦名為假名，亦是中道義」……假眾

示現諸世間。除滅諸邪見,開示於正見,法性無來去,不著我我所。 (CBETA, T10, no. 279, p. 261, a)	緣成,從緣故假,非施權之假,亦是中道義者。離「斷常」故名為中道,非佛性中道。若作此解者,雖三句皆空。尚不成即空,況即假即中,此生滅四諦中義也。 (CBETA, T36, no. 1736, p. 39, b)
《大方廣佛華嚴經》卷44〈29 十忍品〉:菩薩亦如是,觀察一切法,悉從因緣起,無生故無滅,無滅故無盡,無盡故無染。 (CBETA, T10, no. 279, p. 235, b)	《大方廣佛華嚴經隨疏演義鈔》卷7:從緣生法,無性即空,非色敗空,不要析破,故云即空。若約《中論》偈明四句,初教即「因緣所生法」,此教即我說即是空。第三亦名為「假名」,第四亦云「中道義」,故此云「因緣即空」。 (CBETA, T36, no. 1736, p. 48, a)
《大方廣佛華嚴經》卷26〈22 十地品〉:知是三業因緣不斷相、乃至如實知八萬四千煩惱行差別相。是菩薩知諸業善不善無記相、分別不可分別相、心伴相、不相離相……知業起相、受業法差別相。 (CBETA, T09, no. 278, p. 568, a)	《大方廣佛華嚴經隨疏演義鈔》卷9:三業因緣,故起於三界,是故有一切法。《中論》〈十二因緣品〉頌云:「眾生癡所覆,為後起三行,以有此行故,識受六道身」等,即其義也。 (CBETA, T36, no. 1736, p. 62, c)
《大方廣佛華嚴經》卷 66〈39 入法界品〉: 爾所劫中,所見眾生,無一眾生我不勸發阿耨多羅三藐三菩提心,未曾勸一眾生發於聲聞、辟支佛意。 (CBETA, T10, no. 279, p. 359, b)	《大方廣佛華嚴經隨疏演義鈔》卷10:無一眾生下,第二會一乘無不有者:釋成一乘之義。若有一人無智慧性,即有二乘三乘耳……以諸緣起皆無自性故,由無性理事方成故。故《中論》云:「以有空義故,一切法得成」。 (CBETA, T36, no. 1736, p. 73, b)
《大方廣佛華嚴經》卷 10〈5 華藏世界品〉 如幻師呪術,能現種種事,眾生業力故,國土不思議。譬如眾繢像,畫師之所作,如是一切剎,心畫師所成。 (CBETA, T10, no. 279, p. 51, c)	《大方廣佛華嚴經隨疏演義鈔》卷12:〈華藏品〉云:如幻師呪術,能現種種事。眾生業力故,國土不思議,明知業即喻幻師。又如《中論》偈云:「譬如幻化人,復作幻化人」。如初幻化人,是則名為業。幻化人所作,是名為業果等。 (CBETA, T36, no. 1736, p. 87, a)
《大方廣佛華嚴經》卷 57〈34 入法界品〉: 時,童子、童女告善財言:「善男子!我等證得菩薩解脫,名為幻住……一切法皆幻住,無明有愛等展轉緣生故;一切三界皆幻住,顛倒智所生故;一切眾生生滅,生、老、死、憂悲、苦惱皆幻住,虛妄分別所生故;一切國土皆幻住,想倒、	《大方廣佛華嚴經隨疏演義鈔》卷14:小乘立「三毒」為生死根本者。《中論》〈染染者品〉云:「經說貪欲、瞋恚、愚癡是世間根本」,乃至云「三毒因緣起於三業,三業因緣起於三行」,是故有一切法。(中論)〈十二因緣品〉云:「眾生癡所覆,為後造三行,以有此行故,識受六道身」,皆是三毒為根本義。然外道雖立

心倒、見倒、無明所現故;一切聲聞、辟支佛皆幻住,智斷分別所成故。 (CBETA, T09, no. 278, p. 767, b)	三德,不知是己心之所有故,又計從冥而起用故,故為邪見。 (CBETA, T36, no. 1736, p. 105, a)
《大方廣佛華嚴經》卷19〈20 夜摩宮中偈讚品〉: 諸法無來處,亦無能作者,無有所從生,不可得分別。一切法無來,是故無有生,以生無有故,滅亦不可得。一切法無生,亦復無有滅,若能如是解,斯人見如來。諸法無生故,自性無所有。 (CBETA, T10, no. 279, p. 100, c)	《大方廣佛華嚴經隨疏演義鈔》卷20: 經云:「一切法無來,是故無有生」。以生無有故,滅亦不可得。二明二義中又緣起無性故者,緣生即無性也。無性緣起者,無性即緣性也。前句即因緣故空,此句即無性故有故。引《中論》「以有空義故,一切法得成」,唯證後句也。三顯無性中。若無因緣不知無性。 (CBETA, T36, no. 1736, p. 152, c) 《大方廣佛華嚴經隨疏演義鈔》卷20: 欲明「不生滅」等四含義無盡,故略舉「八不」,即《中論》宗。論云:「不生亦不滅,不常亦不斷,不一亦不異,不來亦不去」……故《中論》問云:「不生不滅,已總破一切法。何故復說此六事耶?答:為成不生不滅故」。 (CBETA, T36, no. 1736, p. 153, c)
《大方廣佛華嚴經》卷13〈9 光明覺品〉: 一切處文殊師利菩薩,各於佛所,同時發聲,說此頌言:眾生無智慧,愛刺所傷毒,為彼求菩提,諸佛法如是。普見於諸法,二邊皆捨離,道成永不退,轉此無等輪。 (CBETA, T10, no. 279, p. 63, a)	《大方廣佛華嚴經隨疏演義鈔》卷30〈9 光明覺品〉: 普見於諸法,二邊皆捨離。今應問云「普見諸法,如何即能離得二邊故?」今答云:通性相故。唯見「相」者,即是有邊。唯見「性」者即墮無邊。性相無礙故離二邊。《中論》云:「雖空而不斷,雖有而不常」。即由空有相即,離二邊也。 (CBETA, T36, no. 1736, p. 225, b)
《大方廣佛華嚴經》卷5〈5 如來光明覺品〉: 諸佛正法不可量,無能分別說其相,諸佛正法無合散,其性本來常寂滅。不以陰數為如來,遠離取相真實觀,得自在力決定見,言語道斷行處滅。等觀身心無異相,一切內外悉解脫。 (CBETA, T09, no. 278, p. 424, c	《大方廣佛華嚴經隨疏演義鈔》卷30〈9 光明覺品〉: 今觀於身,若我即陰等者。即《中論》〈法品〉中意,論云:「若我即五陰,我即為生滅。若我異五陰,即非五陰相。若無有我者,何得有我所?」內外我我所盡滅無有故,諸受即為滅。受滅即身滅,業煩惱滅,故名之為解脫。「業煩惱非實,入空戲論滅」。 (CBETA, T36, no. 1736, p. 226, c)
《大方廣佛華嚴經》卷16〈14 須彌頂上	《大方廣佛華嚴經隨疏演義鈔》卷36〈13

	升須彌山頂品〉
偈讚品〉 離諸和合相，是名無上覺。現在非和合，去來亦復然，一切法無相，是則佛真體。若能如是觀，諸法甚深義，則見一切佛，法身真實相。 (CBETA, T10, no. 279, p. 83, a)	言三時者，即《中論》〈去來品〉偈云：「已去無有去，未去亦無去，去時亦無去」。翻此則云：已來無有來，未來亦無來，來時亦無來。謂已來已滅，不可言來。未來未有，何得言來？來時不住，已未分之故亦無來。去來亦然……故《中論》云：「見及所見者，是三各異方，如是三法異，終無有合時。異法不可合，非異無可合」。又《論》云：「見不能有見，非見亦不見」。 (CBETA, T36, no. 1736, p. 276, c)
《大方廣佛華嚴經》卷16〈14 須彌頂上偈讚品〉 其性如虛空，故說無有盡。智者說無盡，此亦無所說，自性無盡故，得有難思盡。所說無盡中，無眾生可得。 (CBETA, T10, no. 279, p. 82, c)	《大方廣佛華嚴經隨疏演義鈔》卷37〈14 須彌山頂偈讚品〉： 既如虛空，何有無為之相者？我言「無盡者」，體無可盡，故如虛空……故《中論》云：「若有有為法，則有無為法。既無有為法，何得有無為？」 (CBETA, T36, no. 1736, p. 283, c)
《大方廣佛華嚴經》卷8〈11 菩薩十住品〉： 何等為十？所謂：學一切法無相，一切法無性，一切法不可修，一切法無所有，一切法無真實，一切法如虛空，一切法無自性，一切法如幻，一切法如夢，一切法如響。何以故？欲令得不退轉無生法忍故，有所聞法，即自開解，不由他悟。 (CBETA, T09, no. 278, p. 445, c)	《大方廣佛華嚴經隨疏演義鈔》卷38〈15 十住品〉： 今經云：「一切」者，各少分一切，又含餘義，故云「一切」。諸法畢竟無所有，是空義者經也……《中論》云：「諸佛說空法，為離諸有見，若復見有空，諸佛所不化」故，畢竟空耳。 (CBETA, T36, no. 1736, p. 291, c)
《大方廣佛華嚴經》卷8〈11 菩薩十住品〉： 諸佛子！何等是菩薩摩訶薩法王子住？此菩薩善解十種法。何等為十？……善解去、來、今，善解說世諦，善解說第一義諦，是為十。 (CBETA, T09, no. 278, p. 446, a)	《大方廣佛華嚴經隨疏演義鈔》卷38〈15 十住品〉： 彼文云：詞無礙智，以世智差別說。樂說無礙智，以第一義智善巧說等。《中論》云：「諸佛依二諦，為眾生說法」。 (CBETA, T36, no. 1736, p. 295, c)
《大方廣佛華嚴經》卷21〈22 十無盡藏品〉： 佛子！何等為菩薩摩訶薩信藏？……此菩薩於諸佛所一向堅信，知佛智慧無邊無盡。十方無量諸世界中，一一各有無量諸佛，於阿耨多羅三藐三菩提，已得、今	《大方廣佛華嚴經隨疏演義鈔》卷45〈22 十無盡藏品〉： 涅槃為起見處，就引《中論》〈邪見品〉：「我於過去世等」者。偈首之我，即今世我……次下當釋《中論》〈涅槃品〉偈云：「滅後有無等，無邊等常等」。諸見依涅

得、當得，已出世、今出世、當出世、已入涅槃、今入涅槃、當入涅槃，彼諸佛智慧不增不減、不生不滅、不進不退、不近不遠、無知無捨。 (CBETA, T10, no. 279, p. 111, b)	槃未來過去世。 (CBETA, T36, no. 1736, p. 351, c)
《大方廣佛華嚴經》卷12〈18 菩薩十無盡藏品〉： 所謂：世間有邊，世間無邊，世間有邊無邊，世間非有邊非無邊；世間有常，世間無常，世間有常無常，世間非有常非無常；如來滅後如去不受，如來滅後不如去亦不受，如來滅後如去不如去亦不受，如來滅後非如去非不如去亦不受……何等為生死最初際，何等為生死最後際。是名無記法。 (CBETA, T09, no. 278, p. 476, a)	《大方廣佛華嚴經隨疏演義鈔》卷45〈22 十無盡藏品〉： 《中論》〈涅槃品〉偈云：「如來滅度後，不言有與無，亦不言有無非有及非無」。又云：「涅槃與世間，無有少分別。世間與涅槃，亦無少分別。涅槃之實際，及與世間際如是，二際者無毫釐差別」……《中論》末後偈云：「一切法皆空，何有邊無邊？亦邊亦無邊？非邊非無邊？何者為一異？何有常無常？亦常亦無常？非常非無常？諸法不可得，滅一切戲論，無人亦無我，佛亦無所說」。 (CBETA, T36, no. 1736, p. 352, c)
《大方廣佛華嚴經》卷21〈22 十無盡藏品〉： 去至何所？有幾世界成？有幾世界壞？世界從何處來，去至何所？何者為生死最初際？何者為生死最後際？是名無記法……菩薩摩訶薩第五多聞藏。 (CBETA, T10, no. 279, p. 112, b)	《大方廣佛華嚴經隨疏演義鈔》卷45〈22 十無盡藏品〉： 謂若許有終必有始，故亦如初地。疏《中論》云：「大聖之所說」等，即〈本際品〉偈，此中初偈，引教立理，顯無始終。 (CBETA, T36, no. 1736, p. 353, c)
《大方廣佛華嚴經》卷35〈26 十地品〉： 此菩薩觀一切法，不生不滅，因緣而有；見縛先滅，一切欲縛、色縛、有縛、無明縛皆轉微薄；於無量百千億那由他劫不積集故，邪貪、邪瞋及以邪癡，悉得除斷，所有善根轉更明淨。 (CBETA, T10, no. 279, p. 188, c)	《大方廣佛華嚴經隨疏演義鈔》卷62〈26 十地品〉： 乃是迷於法性，合於法性隨緣而生，名為性起。以性融相故，一多自在。然即《中論》〈四諦品〉偈意：「因緣所生法，我說即是空，亦為是假名，亦是中道義」。此偈四句……一色一切色，即因緣故有也。若三乘緣生，但各各緣生，今是法性緣生。 (CBETA, T36, no. 1736, p. 498, b)
《大方廣佛華嚴經》卷37〈26 十地品〉： 菩薩圓滿五地已，觀法無相亦無性，無生無成本清淨，無有戲論無取捨，體相寂滅如幻等，有無不二離分別，隨順法性如是觀，此智得成入六地。 (CBETA, T10, no. 279, p. 195, b)	《大方廣佛華嚴經隨疏演義鈔》卷69〈26 十地品〉： 先釋「無性」，執法有性名之為我，如地堅性水濕性等，以無我故名性無生。言非先有今無者，揀斷滅無。《中論》云：「先有而今無，是則為斷滅」。故亦非全無。

	(CBETA, T36, no. 1736, p. 550, b)
《大方廣佛華嚴經》卷38〈26 十地品〉： 又知諸業種種相，所謂：善不善無記相、有表示無表示相、與心同生不離相、因自性剎那壞而次第集果不失相、有報無報相……略說乃至八萬四千，皆如實知。 (CBETA, T10, no. 279, p. 202, b)	《大方廣佛華嚴經隨疏演義鈔》卷70〈26 十地品〉： 然此得，得以持此業，如券持債故。古經論名「不失法」。《中論》云：「不失法如券業，如負財物」。然大乘雖立有得，不許有實，而云熏習成種。 (CBETA, T36, no. 1736, p. 563, c)
《大方廣佛華嚴經》卷44〈28 十通品〉： 佛子！菩薩摩訶薩以一切法智通，知一切法無有名字、無有種性，無來、無去，非異、非不異，非種種、非不種種，非二、非不二，無我、無比，不生、不滅、不動、不壞，無實……。 (CBETA, T10, no. 279, p. 231, c)	《大方廣佛華嚴經隨疏演義鈔》卷74〈28 十通品〉： 次先破異，云「異相」互無，故云「不異」者。此即《中論》〈破合品〉中意……故云「異相互無，故無異」……故《中論》云：「異中無異相，不異中亦無，無有異相故，則無彼此異」。 (CBETA, T36, no. 1736, p. 585, c)
《大方廣佛華嚴經》卷48〈35 如來隨好光明功德品〉： 一切諸佛亦復如是，自說是佛，不著於我，不著我所。諸天子！如我音聲不從東方來，不從南西北方來、四維上下來；業報成佛亦復如是，非十方來。諸天子！譬如汝等昔在地獄，地獄及身非十方來，但由於汝顛倒惡業愚癡纏縛，生地獄身，此無根本、無有來處。諸天子！毘盧遮那菩薩威德力故放大光明，而此光明非十方來。諸天子！我天鼓音亦復如是，非十方來，但以三昧善根力故，般若波羅蜜威德力故，出生如是清淨音聲，示現如是種種自在。諸天子！譬如須彌山王有三十三天上妙宮殿種種樂具，而此樂具非十方來；我天鼓音亦復如是，非十方來。 (CBETA, T10, no. 279, p. 256, a)	《大方廣佛華嚴經隨疏演義鈔》卷78〈35 如來隨好光明功德品〉： 恐有難言：地獄及身，既由惡業，即從惡業中來。前業報成佛，即從善根中來。何以並言「非十方來」？故今釋云：正由從業，即是從緣，無性來即無來。若不從緣，則有定性，不得無來。《中論》云：「若法從緣生，是即無定性，若無定性者，云何有是法？」即因緣故空義耳。 (CBETA, T36, no. 1736, p. 610, b) 《大方廣佛華嚴經隨疏演義鈔》卷78〈35 如來隨好光明功德品〉： 經言而受其「報」，亦同《淨名》「無我無造無受者，善惡之業亦不亡」。疏：定有即常，定無則斷者，亦《中論》偈，偈云：「定有則著常，定無則著斷，是故智者，不應著有無」。 (CBETA, T36, no. 1736, p. 611, c)
《大方廣佛華嚴經》卷77〈39 入法界品〉： 又決定知一切諸報皆從業起，一切諸果皆從因起，一切諸業皆從習起，一切佛興皆從信起，一切化現諸供養事皆悉從於決定解起，一切化佛從敬心起，一切佛法	《大方廣佛華嚴經隨疏演義鈔》卷89〈39 入法界品〉： 影像隨身，去來無實，隨業六道，實無往來。《中論》云：「諸行往來者，常不應往來，無常亦不應往來，眾生亦復然」。「有無」可知，離一切法見。(CBETA, T36,

| 從善根起……知質如像故，知聲如響故，知境如夢故，知業如幻故。
(CBETA, T10, no. 279, p. 423, a) | no. 1736, p. 693, b) |

二、《楞嚴經》「想陰十魔」之研究

發表日期：2016 年 1 月 21 日宏國德霖通識教育暨跨領域學術研討會

當天與會學者為本文提供諸多寶貴意見，經筆者多次修潤後已完成定稿。

設計　版面配置　參考資料　郵件　校閱　檢視　ACROBAT

者　内文　・　標楷體　・　A 　14 ・ A ・ A B U I 　Ω

《楞嚴經》「想陰十魔」之研究

陳士濱

宏國德霖科技大學通識中心副教授

全文摘要

　　本論分成五小節，主要是　　　　　」的研究，第二節是「魔之釋義」，從「魔」的字源音義說　　　　　經論逐一說明「魔」的定義及地位。第三節「想陰十魔」，別　　　　　釋介紹，如「怪鬼成魔、魃鬼成魔、魅鬼成魔、蠱毒魔脈　　　　　鬼成魔、大力鬼成魔、山林土地城隍川嶽鬼神成魔、天地　　　　　精、風精、河精、土精」五精成魔、附著於『芝草、麟鳳龜鶴』精靈成魔、他化自在天魔」等十種。其中第六「貪求靜謐」及第七「貪求宿命」文，舊註有人將此二文互換，並認為是譯經者之誤。筆者特別提出研究證明經文「未誤」，應是個人誤解經文造成。另外於第六的「貪求靜謐」文中，亦有人執疑「日中一食」即是「佛律儀外，更加精苦」的一項，文中地提出經論及歷代祖師的修行

全文摘要

本論分成五小節，主要是探討「想陰十魔」的研究，第二節是「魔之釋義」，從「魔」的字源音義說起，進而引諸經論逐一說明「魔」的定義及地位。第三節「想陰十魔」，將十種魔逐一解釋介紹，如「怪鬼成魔、魃鬼成魔、魅鬼成魔、蠱毒魘勝惡鬼成魔、癘鬼成魔、大力鬼成魔、山林土地城隍川嶽鬼神成魔、天地大力『山精、海精、風精、河精、土精』五精成魔、附著於『芝草、麟鳳龜鶴』精靈成魔、他化自在天魔」等十種。其中第六「貪求靜謐」及第七「貪求宿命」文，舊註有人將此二文互換，並認為是譯經者之誤。筆者特別提出研究證明經文「未誤」，應是個人誤解經文造成。另外於第六的「貪求靜謐」文中，亦有人執疑「日中一食」即是「佛律儀外，重加精苦」的一項，文中也提出經論及歷代祖師的修行證據，證明「日中一食」是當時佛的制定，並非為外道無益的一種苦行。於此節末後，並附有一「小結」做簡單的討論，整理「想陰十魔」乃不出男女之婬慾事。

第四節為「治魔之道」。治魔之道在諸經論上討論非常的多，限於篇幅，故暫以此三種為主：「嚴持四戒、持誦神咒、修習止觀」。「嚴持四戒」主要以探討「四種清淨明誨」為內容，經文內容淺易，所以筆者較少作白話解釋，純引「經文原典」為說明。「持誦神咒」首先以《止觀》倡導「誦咒」為先題，進而說明「楞嚴咒」的重要性，且鼓勵持誦「楞嚴咒」以治魔。「修習止觀」一段純粹是天台家用以治魔的方法，其中引用《止觀》及《首楞嚴三昧經》諸經文作說明，進而以《楞嚴經》「離即離非，是即非即」、「當處出生，隨處滅盡」、「自心取自心、非幻成幻法」等諸經文說明治魔的另一種「心法」。

最後一節是「結論」。佛陀曾咐囑末世「十種想陰魔」的種種「婬亂事

跡」做一回顧，並將當代台灣的種種宗教亂象略舉一、二作補充說明。最後期待四眾弟子都能專心研究《楞嚴經》的「四淨誨」及「五十魔」，這也是學佛者避免「進入魔道」及獲得「正知正見」的最大經典依據，亦是關係佛教未來前途的一大關鍵。

關鍵字詞

《楞嚴經》、《摩訶止觀》、《五十陰魔》、《想陰魔》、怪鬼、降魔、神咒、止觀

一、前言

在佛教中，天魔請佛入滅後，[1]則世間唯一的大導師亦跟著入滅，相繼而後便是「妖魔鬼怪」的出生，尤其是天魔與其魔子魔孫、魔眷屬們便開始興風作浪。當今世上充滿慾望、貪念、邪惡、賭、毒、色情、功利、自私……等等，且現今附佛外道、魔教、邪教、邪師、邪信、邪眾亦充斥這世上，如日本的新興宗教就有十八萬個宗派或組織團體，[2]而台灣也是佛道混雜，乩童、靈媒、神功、禪功、靈異及附佛外道四處遍滿。這些異常的現象，吾人應如何來認識？如何來抉擇「邪正之分」？尤其是青年學佛者，更須正確的認識「佛魔之分」。

佛典《摩訶般若波羅蜜經・卷四》云：「不爲説魔事魔罪，當知是菩

---

[1] 參《長阿含經・卷三》載：「天魔波旬向來請我，佛意無欲可般泥洹，今正是時，宜速滅度」。詳《大正藏》第一冊頁 17 上。

[2] 如標示出處為「禪門法語新知贈閱叢書第 23 集」的〈急功近利下之台灣新興宗教〉(http://www.buddhanet.com.tw/gem/ gg23-2.htm)一文中說：「日本的新興宗教，在政府登記有案的組織就有十八萬個之多，其中又以創價學會，也就是日蓮正宗爲最大。日蓮正宗並非正信佛教，但在日本卻有一千萬以上的信徒，且其勢力遍及工商、政府、社會各階層。」

薩摩訶薩惡知識」。[3]及《大般若波羅蜜多經·卷五百五十一》亦云：「諸
菩薩摩訶薩欲證無上正等菩提，當善覺知諸惡魔事」。[4]所以若不宣說魔
事、魔罪諸事，則非菩薩「善知識」。在《楞嚴經》中佛陀宣講了「五十
種陰魔」境界，這五十魔境是以「五陰」(五蘊)為基礎，然後每個「陰」再
拓展出十個魔境來。雖然有五十種魔境，但實際上一位修道的行者，其
心中有多少「貪境」，相對的，就會有多少個「外魔」與之相應，廣說也可
以有「八萬四千種」這麼多的魔境。

坊間專門研究「五十陰魔」的專書也有很多，有的是直接從《楞嚴經》
中獨立出來的「五十陰魔」相關著作，例如圓瑛老法師《大佛頂首楞嚴經
講義·五十陰魔章》。宣化上人《楞嚴經五十陰魔淺釋》。夢參老和尚《淺
說五十種禪定陰魔》。善祥法師《楞嚴經五蘊魔相解說》……等。也有學
術性的專書，如：李綺玟〈《楞嚴經》中五十陰魔生、住、異、滅相狀考
述〉(華梵大學／東方人文思想研究所／96／碩士)。蔡旻芳〈明末註疏對《楞嚴
經》五十陰魔」之研究〉(佛光人文社會學院／宗教學研究所／93／碩士)……等。
還有網路上有非常多由法師主講的「五十陰魔」佛經講座可參考。

「五十陰魔」之境其實並非是「惡境」，經文明言「**不作聖心，名善境
界，若作聖解，即受群邪**」。[5]五十魔是給我們修行人在觀照過程中避免
落入魔道的「借鏡」，而不是說將經文死死的去比對周遭的修行者，動不
動就給人冠上「著魔」的帽子，這點也是研究五十魔最忌諱的地方。須知
「**魔從心起，非從外來**」，最大的佛是自己、最大的魔也是自己，一切是
唯心造。

---

[3] 詳《大正藏》第八冊頁 241 中。又《摩訶止觀·卷八》則云「魔事魔罪不說者，是菩
薩惡知識」。詳《大正藏》第四十六冊頁 114 下-115 上。

[4] 詳《大正藏》第七冊頁 839 中。

[5] 參《楞嚴經·卷九》，詳《大正藏》第十九冊頁 147 下。

本論文只就「想陰十魔境」作更深入的研究與介紹，預計撰寫章節說明如下：

一、前言

二、魔之釋義

三、想陰十魔

　　(一)貪求善巧　怪鬼成魔

　　(二)貪求經歷　魃鬼成魔

　　(三)貪求契合　魅鬼成魔

　　(四)貪求辨析　蠱毒魘勝惡鬼成魔

　　(五)貪求冥感　癘鬼成魔

　　(六)貪求靜謐　大力鬼成魔

　　(七)貪求宿命　山林土地城隍川嶽鬼神成魔

　　(八)貪求神力　天地大力「山精、海精、風精、河精、土精」五精成魔

　　(九)貪求深空　附著於「芝草、麟鳳龜鶴」精靈成魔

　　(十)貪求永歲　他化自在天魔

　　(十一)小結

四、治魔之道

　　(一)嚴持四戒

　　(二)持誦神咒

　　(三)修習止觀

　　(四)小結

五、結論

參考文獻

二、魔之釋義

魔(māra)者，古譯經論多作「磨」字，至南朝梁武帝時，以其為能惱人者，遂改作「魔」。[6]若從梵文 māra 則有「惡魔、邪魔、魔王」之義，[7]其語根是由 mṛ 轉來的名詞，mṛ 則有「殺、死」之義，[8]所以魔(māra)有「殺者、奪命、能奪命者、障礙」之義，如《大智度論·卷六十八》謂「魔，秦言能奪命者，死魔實能奪命，而其餘亦能作奪命之因緣，亦奪智慧之命，是故名殺者。」[9]及《修習止觀坐禪法要·覺知魔事八》云：「梵音魔羅，秦言殺者，奪行人功德之財，殺行人智慧之命，是故名之為惡魔」。[10]或稱魔為「魔羅、惡魔」，若梵漢並舉則稱為「魔障」。根據《長阿含經》的「閻浮提州品」、[11]《過去現在因果經·卷三》[12]及《瑜伽師地論·卷四》[13]等所說，魔王是住在欲界第六「他化自在天」之最高處，接近「初禪天」之間。又據《長阿含·卷二》之「遊行經」、[14]《增一阿含經·卷二十七》、[15]《佛本行集經·卷二十五》[16]所述，魔王名為「波旬」，有「色力、聲力、香力、味力、細滑力」等五力，[17]又有魔女及諸多魔子魔孫等，常擾亂佛陀及其眾弟子等，專門妨礙善事及修道人。在大小經論中對「魔」的釋義

---

[6] 此說詳見《佛光大辭典》頁 6885。

[7] 見荻原雲來編《梵和大辭典》頁 1034 右。

[8] 見荻原雲來編《梵和大辭典》頁 1056 右。

[9] 詳《大正藏》第二十五冊頁 534 上。

[10] 詳《大正藏》第四十六冊頁 470 中。

[11] 據《長阿含經》的「閻浮提州品」中說：於「他化自在天、梵加夷天」中間，有「摩天宮」，縱廣六千由旬」。此段文意指「摩天宮」(魔天宮)是處在「他化自在天」與「色界」初禪天「梵迦夷天」之間，詳《大正藏》第一冊頁 115 上。

[12] 如《過去現在因果經·卷三》云：「時第六天魔王宮殿，自然動搖」。詳《大正藏》第三冊頁 639 下。

[13] 如《瑜伽師地論·卷四》云：「他化自在天」復有「摩羅」天宮，即「他化自在天」攝。詳《大正藏》第三十冊頁 294 下。

[14] 詳《大正藏》第一冊頁 15 中。

[15] 詳《大正藏》第二冊頁 699 中。

[16] 詳《大正藏》第三冊頁 769 中。

[17] 魔王具五力之說，見於《增一阿含經·卷二十七》，詳《大正藏》第三冊頁 769 中。

非常的多，略述如下：

　　「魔」在一般人的想像中都是一種會害人的「惡鬼神」，或精靈的一種實體妖怪式的「外魔」，如《大唐西域記・卷八》載：「初魔王知菩薩將成正覺也，誘亂不遂，憂惶無賴，集眾神眾，齊整魔軍，治兵振旅，將脅菩薩。於是風雨飄注，雷電晦冥。縱火飛煙，揚沙激石。備矛楯之具，極玄失之用，菩薩於是入大悲定，凡厥兵杖，變爲蓮花，魔軍怖駭，奔馳退散」、[18]《大智度論・卷五十六》亦云：「魔作龍身種種異形，可畏之像，夜來恐怖行者；或現上妙五欲，壞亂菩薩。[19]這種魔就像武俠小說的情節一樣，會準備武器與人「作戰」抵抗，如《普曜經・卷六》之「降魔品」就載釋尊成道之際，魔王波旬(Pāpīyas)曾派遣欲妃、悅彼、快觀、見從等四女前來擾亂。[20]唐・玄應《一切經音義・卷二十三》云：「諸佛出世魔各不同，如迦葉佛時，魔名頭師，此云惡瞋等也」。[21]在《雜阿含經》卷三十九和卷四十五等都曾述及佛陀降魔之事。

　　大多數的經典都將魔附以會「擾亂、害善法、斷慧命」之意，如《大乘法苑義林章・卷六》云：「梵云魔羅，此云擾亂、障礙、破壞，擾亂身心，障礙善法，破壞勝事，故名魔羅、[22]《大毗婆沙論・卷五十二》云：「何故名魔？答：斷慧命故，或常放逸而自害故、[23]《大毗婆沙論・卷一九七》云：「以諸煩惱害善法，故說名爲魔、[24]《大智度論・卷五》云：「奪慧命，壞道法、功德、善本，是故名爲魔；諸外道人輩言，是名欲

---

[18] 詳《大正藏》第五十一冊頁 918 上—下。
[19] 詳《大正藏》第二十五冊頁 458 下。
[20] 詳《大正藏》第三冊頁 519 上。
[21] 詳《大正藏》第五十四冊頁 449 下。
[22] 詳《大正藏》第四十五冊頁 348 中。
[23] 詳《大正藏》第二十七冊頁 272 中。
[24] 詳《大正藏》第二十七冊頁 984 下。

主，亦名華箭，亦名五箭。破種種善事故，佛法中名爲魔羅；是業是事，名爲魔事」[25]……等，除此之外，魔還有更深一層的「精神」意義，就是若未完全通達「諸法實相」者，都可名為是「魔」的一種外道，如《大智度論・卷五》云：「除諸法實相，餘殘一切法，盡名爲魔，如諸煩惱、結使、欲縛、取纏、陰界入、魔王、魔民、魔人，如是等盡名爲魔。」[26]另外在《瑜伽師地論・卷二十九》中也有另一種「魔」的解釋，如云：「或見在家及出家眾歡娛雜處，或見惡友共相雜住，便生歡喜，心樂趣入，當知一切皆是魔事；於佛法僧苦集滅道，此世他世，若生疑惑，當知一切皆是魔事……若於利養恭敬稱譽，心樂趣入……當知一切皆是魔事」。[27]到了《華嚴經》則將魔詮釋成十種「魔業」的意義象徵，如卷五十八之「離世間品」云：[28]

佛子！菩薩摩訶薩有十種魔業。何等爲十？所謂：

(1)忘失菩提心修諸善根，是爲魔業。

(2)惡心布施，瞋心持戒，捨惡性人，遠懈怠者，輕慢亂意，譏嫌惡慧，是爲魔業。

(3)於甚深法心生慳吝，有堪化者而不爲說，若得財利恭敬供養，雖非法器而強爲說，是爲魔業。

(4)不樂聽聞諸波羅蜜，假使聞說而不修行，雖亦修行多生懈怠，以懈怠故，志意狹劣，不求無上大菩提法，是爲魔業。

(5)遠善知識，近惡知識，樂求二乘，不樂受生，志尚涅槃離欲寂靜，是爲魔業。

---

[25] 詳《大正藏》第二十五冊頁99下。

[26] 詳《大正藏》第二十五冊頁99中。

[27] 詳《大正藏》第三十冊頁448上。

[28] 詳《大正藏》第十冊頁307下—308上。

(6)於菩薩所起瞋恚心，惡眼視之，求其罪釁，說其過惡，斷彼所有財利供養，是爲魔業。

(7)誹謗正法不樂聽聞，假使得聞便生毀呰，見人說法不生尊重，言自說是，餘說悉非，是爲魔業。

(8)樂學世論巧述文詞，開闡二乘，隱覆深法，或以妙義授非其人，遠離菩提住於邪道，是爲魔業。

(9)已得解脫、已安隱者常樂親近而供養之，未得解脫、未安隱者不肯親近亦不教化，是爲魔業。

(10)增長我慢，無有恭敬，於諸眾生多行惱害，不求正法眞實智慧，其心弊惡難可開悟，是爲魔業。

是爲十，菩薩摩訶薩應速遠離，勤求佛業。

又魔的分類有許多種，大致有「二魔說、[29]三魔說、[30]四魔說、[31]五魔

---

[29] 即分成「內魔」、「外魔」二魔。「內魔」由自身產生障礙；「外魔」則係自他身而來之障礙。如《定善義傳通記・卷三》謂四魔之中，以天魔爲「外魔」，其他三魔爲「內魔」。又有就「分段、變易」二身而分，或從「煩惱、所知」二障而分。詳見《中華佛教百科全書》第九冊頁6008左。

[30] 即分成「五陰魔、煩惱魔、死魔」三魔，如《法華經・卷五》之「安樂品」云：「見聖賢軍與五陰魔、煩惱魔、死魔共戰，有大功勳，滅三毒，出三界，破魔網」。見《大正藏》第九冊頁39上。

[31] 分成「煩惱魔、五陰魔、死魔、天魔」四魔，參見北本《涅槃經・卷二》，詳於《大正藏》十二冊頁373下，和《瑜伽師地論・卷二十九》的內容，詳於《大正藏》三十冊頁447下。而《超日明三昧經・卷上》所載的「身魔、欲塵魔、死魔、天魔」者，乃同於上述之「四魔」詳於《大正藏》十五冊頁536下。又《大乘法苑義林章・卷六》亦云：「煩多擾亂名爲『煩惱』；色等積聚名之爲『蘊』；將盡、正盡、盡已名『死』；神用光潔自在名『天』，此四即魔」，詳《大正藏》四十五冊頁348中。此外據大乘經論的說法，「無常、無樂、無我、不淨」的這四種顛倒心亦屬於四魔，此四者亦能惱害眾生，故稱爲魔，如《大乘義章・卷十四》云：「第六天子無常、無樂、無我、不淨，此四倒心復爲四魔」，詳於《大正藏》四十四冊頁752下。

說、[32]八魔說、[33]十魔說[34]……等。在《楞嚴經》中所說的魔境範圍很大，最少有五十種，如「色陰」十境是屬於「陰中自現」的「陰魔」。分別是：

(1)精明外溢，身能出礙。

(2)精明內溢，拾出蟯蛔。

(3)精魄合離，空中聞法。

(4)心魂染悟，見佛踞臺。

(5)精明逼現，空成寶色。

(6)心見密澄，暗室睹物。

(7)塵併入純，燒斫無礙。

(8)凝想化現，遍見諸界。

(9)逼心飛出，夜見遠方。

(10)邪心含魅，妄見妄說。[35]

這十種陰魔，都是「初心自現」，並無「外魔」來干擾，而「受陰」十

---

[32] 分成「天、罪、行、惱、死」五魔，如《罵意經》中所載，詳於《大正藏》第十七冊頁 530 下。這是在「四魔」外多加了「罪魔」。

[33] 即四魔加上「無常、無樂、無我、無淨」等四倒，共八魔。如《涅槃經·卷二》所云，詳於《大正藏》十二冊頁 377 中—下。或謂「分段、變易」二身亦各有「四魔」，如《大乘法苑義林章·卷六》云：「煩惱障障礙三乘稱為『分段魔』，所知障障礙菩薩稱為『變易魔』。分段、變易二魔各有煩惱等四魔，故總成八魔」，詳於《大正藏》四十五冊頁 349 中。

[34] 如《大乘法苑義林章·卷六》舉「欲、憂愁、飢渴、愛、睡眠、怖畏、疑、毒、名利、自高慢」等十魔，經云：「可欣名『欲』，心感名『憂愁』，悕求食飲名『飢渴』，耽欲名『愛』，令心昧略名『睡眠』，有所恐怯名『怖畏』，猶豫兩端名『疑』，損惱身心名『毒』，悕譽貪財曰『名利』，自舉陵他名『高慢』，欲等即魔，亦持業釋」，詳《大正藏》四十五冊頁 348 中。又《大方廣佛華嚴經·卷五十八》亦列舉「蘊、煩惱、業、心、死、天、善根、三昧、善知識、菩提法智」等十魔之說，經云：「『蘊魔』，生諸取故；『煩惱魔』，恆雜染故；『業魔』，能障礙故；『心魔』，起高慢故；『死魔』，捨生處故；『天魔』，自憍縱故；『善根魔』，恆執取故；『三昧魔』，久耽味故；『善知識魔』，起著心故；『菩提法智魔』，不願捨離故，是為十」，詳《大正藏》十冊頁 307 下。

[35] 以上十種名稱，參見明·蕅益 智旭《楞嚴經文句·卷九》。詳《卍續藏》第十三冊頁 363 中。

境則開始有「外魔」入心，兼遭「魍魅」，十魔分別是：「悲魔、狂魔、憶魔、易知足魔、常憂愁魔、好喜樂魔、大我慢魔、好輕清魔、空魔、欲魔」等十種。「想陰」十境更兼有「天魔」及著「鬼神諸魔」，如「怪鬼成魔、魃鬼成魔、魅鬼成魔、蠱毒魘勝惡鬼成魔、癘鬼成魔、大力鬼成魔、山林土地城隍川嶽鬼神成魔、天地大力」山精、海精、風精、河精、土精」五精成魔、附著於『芝草、麟鳳龜鶴』精靈成魔、他化自在天魔」等十種。最後的「行、識」二十陰境則皆是「得少為足」的一種外道與邪執、邪見心魔。以上是本節對「魔之釋義」的大略簡介。

三、想陰十魔

有關《楞嚴經》五十陰魔的「說法因緣」是很不可思議的，屬於「無問自說」方式，如經云：「即時，如來將罷法座，於師子床攬七寶几，迴紫金山，再來憑倚，普告大眾及阿難言：汝等有學緣覺、聲聞，今日迴心趣大菩提無上妙覺，吾今已說真修行法，汝猶未識修奢摩他、毘婆舍那微細魔事，魔境現前汝不能識，洗心非正落於邪見，或汝陰魔或復天魔，或著鬼神或遭魍魅，心中不明認賊為子，又復於中得少為足……汝應諦聽，吾今為汝子細分別。」[36]近代太虛大師對《楞嚴經》五十陰魔的「說法因緣」整理的最詳贍，如大師云：「五陰微細魔境，非佛莫能深辨者，故發真慈；無問而自說，先佛世尊覺明分析微細魔事也」。[37]即五陰魔境之理是「非佛莫能深辨」的，另外大師亦有獨到的六點之說，筆者試將之抄錄如下：

此中佛陀所以興大悲心，「無問自說」修「止觀」中之微細魔事者，其緣起之義有六焉：

---

[36] 參《楞嚴經・卷九》，詳《大正藏》第十九冊頁147上。
[37] 參《楞嚴經研究》頁103。台北文殊出版社。1987、11。

一、當時會中多有二乘有學迴小趣大、修習大乘止觀之當機眾,故須為說。

二、上來選圓通根,示禪那位,但明正面增進之棺,未明反面銷除之相。如或不能辨別,倒認反面以為正面。譬人乘舟進行,見岸移而不悟舟動,迷舟動而認為岸移。執岸能移,怪舟不動,轉欲捨舟乘岸。此非兼與說明幻見岸移之故不可,故須為說。

三、從凡夫地趨菩提路,中間遙遠,都未經歷,枝歧雜出之處既多,仿佛依稀之境尤夥。或致誤入曲徑以為達道,滯著半途以為到家。非一正一反而較對辨之,殆難明晰,故須為說。

四、天魔、鬼神,魑魅、妖精等類,伺修行佛法人,實有乘隙圖害之事,不可不先為說破;使修行人能識其情狀,得慎防之,故須為說。

五、時眾共知有四禪天<u>無聞</u>比丘,以迷得禪為證涅槃,遂謗阿羅漢有生死、致墮無間之事。藉茲事緣,故佛大悲無問而說。

六、大乘禪中微細魔事,唯是諸佛妙覺圓明之所照了,非餘人之所能分析盡知,而亦非當機修學人之所能問,故佛大悲無問而說。[38]

從上以六點可知,此「五十魔境界」決非任人可以「偽」的出來,這是佛陀「無問自說」,且針對末世修行、分別「邪正」的最精彎內容。

據《楞嚴經・卷九》中云:「彼善男子,修三摩提,受陰盡者,雖未漏盡,心離其形,如鳥出籠,已能成就。從是凡身,上歷菩薩六十聖位,得『意生身』,隨往無礙。譬如有人熟寐寱言,是人雖則無別所知,其言已成音韻倫次,令不寐者咸悟其語,此則名為想陰區宇。」[39]這是說一位

---

[38] 參《楞嚴經研究》頁397—398。台北文殊出版社。1987、11。

[39] 參《楞嚴經・卷九》,詳《大正藏》第十九冊頁149中。

行者若能除滅「受陰」，雖然還沒有達到完全的「漏盡」，但他們的「真心」已漸漸可脫離色身，逐步離開自己的形體，就如同小鳥出籠一樣可獲得「來去自由」的境界，已能成就殊勝的妙用。這時以自己的凡夫肉身，往上再經歷菩薩「六十聖位」[40]的修行，最終可獲「登地菩薩」以上所證得的三種「意生身」，能讓自己身體「隨意無礙」地往來一切佛剎，沒有任何的阻礙。

「意身生」是指從「意念」所變化、變現出來的一種「細身」微物質，例如「中陰身、劫初之人、色界、無色界、變化身、界外之變易身」都可名為「意生身」。從「初地」至「十地」也有三種「意生身」(mano-maya-kāya)。通教的「登地菩薩」，能得「如幻三昧」，亦能示現無量自在神通，能普入一切佛剎，隨意無礙，意欲至彼，身亦隨至，故稱為「意生身」。若據《楞伽經・卷三》之「一切佛語心品」載，「通教」菩薩能獲有至少三種的「意生身」，內容如下：[41]

(1)「三昧樂正受意生身」：以定性為樂，異於苦樂等受，故意譯為「正受」。謂「三昧樂正受」乃華梵雙舉。通教「第三、第四、第五地」菩薩修三昧時，證得「真空寂滅之樂」，普入一切佛剎，隨意無礙。即相似「初信」至「七信」，入「空位」。

(2)「覺法自性性意生身」：通教「第八地」菩薩，覺了一切諸法自性之性，如幻如化，悉無所有，以無量神力普入一切佛剎，迅疾如意，自在無

---

[40] 「六十聖位」指的是「三種增進修行漸次＋55位菩提路＋等覺＋妙覺」。如明・蓮池袾宏《楞嚴經摸象記》云：六十聖位，依孤山「三漸次、乾慧、十信、十住、十行、十向、四加、十地、等、妙」共六十位，此於諸說似為穩當，詳《卍續藏》第十二冊頁500中。又如明・憨山德清《楞嚴經通議・卷九》云：言六十者，連「三漸次」至「妙覺」也，詳《卍續藏》第十二冊頁644上。又如明・蕅益智旭《楞嚴經文句・卷九》云：六十聖位者，「三漸次」為能增進，「五十七位」為所增進，能、所合稱，共成六十。詳《卍續藏》第十三冊頁367中。

[41] 詳於《大正藏》第十六冊頁497下—498上。

礙。即相似於「八信」，出「假位」。

(3)「種類俱生無行作意生身」：通教「第九、第十地」菩薩覺知一切法皆是佛法，若得一身，無量身一時普現，如鏡中之像，隨諸種類而得俱生，雖現眾像，而無作為。即相似於「九信、十信」，修「中位」。

《楞嚴經》中十種「想陰」雖已可獲「去住自由」的一種「意生身」境界，但並非即指「登地菩薩」以上所獲證的三種「意生身」，因為此人的「想陰」仍未滅盡，如明·憨山 德清《楞嚴經通議·卷九》明確的說：得「意生身」如羅漢山壁，由之直度。如意速疾，故云無礙，非「地」上「三種意生身」也，以想陰未破故。[42]

底下先將《楞嚴經》「想陰十魔」的「著魔原因」及「鬼魔名稱」製作簡表，說明如下：

想陰十魔境	鬼名	著魔原因
(一)貪求善巧	怪鬼成魔	心中貪愛「圓融靈明」的境界，於是更「勇猛銳利」在他的精神和思慮上。為了快速度化眾生，便想到要用「善巧方便」來說法利生，此原屬善意，無奈此行者竟於禪定修行中生起「貪求善巧」的心，便為「天魔」有機可乘前來擾惱。
(二)貪求經歷	魃鬼成魔	中貪愛「遊戲神通、放蕩自在」的境，於是更「奮起飛馳」在他的精神和思慮上，此原屬善意，無奈此行者竟於禪定修行中生起「貪求能經涉遊歷諸國土」的心，便為「天魔」有機可乘前來擾惱。
(三)貪求契合	魅鬼成魔	心中貪愛「綿密的定力以吻合妙用」境界，於是更「凝虛澄寂」在他的精神和思慮上，此原屬善意，

		無奈此行者竟於禪定修行中生起「貪求能密切契合定力以吻合妙用」心，便為「天魔」有機可乘前來擾惱。
(四)貪求辨析	蠱毒魘勝惡鬼成魔	心中貪愛「追求萬物根本」的境界，一味的去「窮究遍覽」及探索「萬物之變化」，並參究萬物本性的末終與開始，於是更「精進爽練」在他的「修行心志」上。此原屬善意，無奈此行者竟於禪定修行中生起「貪求辨別分析萬物根本之理」心，以致一直往外馳逐放逸，便為「天魔」有機可乘前來擾惱。
(五)貪求冥感	癘鬼成魔	心中貪愛「和懸遠的古聖仙靈(善知識)能冥合感應」境界，於是更加「周密流戀」及「精心研習」在修行上的「冥合相應」。此原屬善意，無奈此行者竟於禪定修行中生起「貪求和懸遠的古聖仙靈(善知識)能冥合感應」心，便為「天魔」有機可乘前來擾惱。
(六)貪求靜謐	大力鬼成魔	心中「愛戀執著」更「深靜入謐」的定境，於是更加克制自己及辛苦勤修，樂於處在「陰隱寂靜」(陰靜幽寂)之境。此原屬善意，無奈此行者竟於禪定修行中生起「貪求寂靜寧謐」心，便為「天魔」有機可乘前來擾惱。
(七)貪求宿命	山林土地城隍川嶽鬼神成魔	心中貪愛「宿命知見」的境界，於是更加的去精勤苦修與研究探尋。此原屬善意，無奈此行者竟於禪定修行中生起「貪求宿命知見」心，便為「天魔」有機可乘前來擾惱。
(八)貪求神力	天地大力「山精、海精、風精、河精、土精」五精成魔	心中貪愛「神妙莫測通達無礙」的種種變化境界，於是更加精研深究神通變化發生之根元。此原屬善意，無奈此行者竟於禪定修行中生起「貪求獲取神通的威力」心，便為「天魔」有機可乘前來擾惱。
(九)貪求深空	附著於「芝草、	心中貪愛「入於寂滅的深空」境界，於是更加的去

	麟鳳龜鶴精靈」成魔	精研深究萬物變化的體性(如何能將萬物化「有」歸「無」之性)，貪求「身境俱空，存與沒皆得自在的一種深空」之理。此原屬善意，無奈此行者竟於禪定修行中生起「貪求入於寂滅的深空」心，便為「天魔」有機可乘前來擾惱。
(十)貪求永歲	他化自在天魔	心中貪愛「長壽不死」境界，於是更加辛勤勞苦的去「窮研精微」長壽之理，貪求「永世之歲壽」，而極欲摒棄「三界內有形的分段生死」，立刻希望獲得「三界外無形的變易生死」，且欲此「微細的壽命之相」作為「永恒常住」的壽命。此行者竟於禪定修行中生起「貪求長壽不死」心，便為「天魔」有機可乘前來擾惱。

（一）貪求善巧　怪鬼成魔

> 阿難！彼善男子，受陰虛妙，不遭邪慮，圓定發明。三摩地中，心愛圓明，銳其精思，貪求善巧。爾時天魔候得其便，飛精附人口說經法，其人不覺是其魔著，自言謂得無上涅槃，來彼求巧善男子處敷座說法。其形斯須或作比丘，令彼人見，或為帝釋、或為婦女、或比丘尼，或寢暗室，身有光明。是人愚迷惑為菩薩，信其教化，搖蕩其心，破佛律儀，潛行貪欲。口中好言災祥變異，或言如來某處出世，或言劫火或說刀兵，恐怖於人，令其家資無故耗散。此名「怪鬼」年老成魔，惱亂是人；厭足心生去彼人體，弟子與師俱陷王難。汝當先覺，不入輪迴；迷惑不知，墮無間獄。─卷九頁149中。

這是第一境「貪求善巧」，導致「怪鬼成魔」來擾。內容是說一位禪定修行中的善男子，當他的「受陰」已達「虛融奧妙」之境(能離身無礙，亦具「見聞周遍」之用)，不再遭「受陰」邪思俗慮之惑，圓通的「妙定」得以發揮闡明。

此時行者便於其所修的「三摩地」中，忽然失去「正念」，心中生起貪愛「圓融靈明」的境界，於是更「勇猛銳利」在他的「精神」和「思慮」上。為了快速度化眾生，便想到要用「善巧方便」來說法利生，此原屬善意，無奈此行者竟於禪定修行中生起「貪求善巧」的心，便為「天魔」有機可乘前來擾惱。這在《妙臂菩薩所問經・卷二》中亦云如果修行人起了「名利、世俗、貨易」的貪心，將會感召「頻那夜迦」前來附身於「行者」身上，如云：

> 又復行人談說世俗閑事，至於農田、貨易之類，於自修行無有義利。彼作障者(指毘那夜迦)，而得其便。彼頻那夜迦入行人身，步步相隨，伺求其短(種種缺失)，作諸障難，令(行人持咒之)法不成。[43]

經文所說的「天魔」，在欲界有「他化自在天魔」，色界則有「魔醯首羅天魔」。如《雜阿含經・卷三十一》云：譬如「欲界」諸神力，「天魔波旬」為第一，[44]而這天魔終於等候到「侵擾」的方便機會，便乘隙「飛遣精魅」而依附著於另一位他人，然後再對生起貪心的這位修行人「口說似是而非的經義」。

關於這個「飛精附人」四個字，歷代譯經祖師的看法分成兩派，一說是指「天魔」會「飛遣精魅」附在生起「貪求善巧」的「善知識」行者之處，然後鋪座設席而為這位「行者」宣講「似是而非」的佛法。如宣化上人《楞嚴經淺釋・卷九》云：

> 「飛精附人」一句，歷代諸家多解作附他人之身。但應該解作附在這個貪求善巧的修行人身才合乎情理。因為這修行人起一念非分之求，

---

43 參《妙臂菩薩所問經・卷二》，詳《大正藏》第十八冊頁 750 上。
44 參《雜阿含經・卷三十一》，詳《大正藏》第二冊頁 222 中。

或求神通，或求知見，或求感應，故天魔才能得便，潛入其心腑，眩惑其意，使他隨魔擺佈。並不是魔附在他人身上。修行者未破五陰，稍不留神，隨時隨地都有著魔之危險。若云魔附他人，那麼這個被魔所附的第三者與這個修行人又有什麼相干呢？為何他要受此淪墮，目的只為了擾亂他人嗎？這樣解法就不合邏輯。解經要用擇法眼，要具真知灼見。因此，不管歷代經家如何說法，我則堅持是魔附此人，非他人。[45]

第二說是「天魔」會「飛遣精魅」而依附到「另一位行者」身上，並令其對生起「貪求善巧」的「善知識」行者之處宣說「似是而非」的佛法經典。如下列祖師舊註所示：

宋·思坦《楞嚴經集註·卷九》云：飛精附人，斯必附其「可附之人」，亦修定習慧者耳。[46]

宋·戒環《楞嚴經要解·卷十八》云：附人，附「他人」也。「其人」，(被魔)所附人也。「彼人」是(此)人，修定人也。[47]

明·一松《楞嚴經秘錄·卷九》云：問魔既不附「行人」，云何「他人得附」之耶？答：所附之人，亦是「行人」，非無因也。但得破「色陰」，未破「受陰」，以故飛而「附」也。幾箇「人」字，一一了知，其義自易明也。[48]

[45] 參宣化上人《楞嚴經淺釋·卷九》頁50。台北法界印經會。79年。
[46] 參宋·思坦《楞嚴經集註·卷九》，詳《卍續藏》第十一冊頁654上。
[47] 參宋·戒環《楞嚴經要解·卷十八》，詳《卍續藏》第十一冊頁873下。
[48] 參明·一松《楞嚴經秘錄·卷九》，詳《卍續藏》第十三冊頁185上。

明‧交光 真鑒《楞嚴經正脈疏‧卷九》云：附人者，另附「他人」，素受邪惑者也。蓋「受」盡者，不能入其心腑，故假「旁人」惑之，轉令自亂耳。[49]

明‧觀衡《楞嚴經四依解‧卷九》云：此四句明魔知「行人」之便可入，不自現身，「別附一人」，欲來擾亂。[50]

雖然宣化上人原本堅持認為是「魔附此人，非他人」，但後來有關上人的開示錄，又有不同的看法，如云：

「飛精附人，口說經法」有兩個講法：可以說魔是附到「另外一個人」的身上，來給這個人說法：也可以說是魔附到「修定人」的身上。這兩個意思都可以存在的，不是單單一個意思。[51]

這個「被怪鬼魔所附者」不會察覺知道自己已被「怪鬼魔」所附身，反而自稱已修得了無上的「涅槃」之境。「被怪鬼魔所附者」便來這位生起「貪求善巧」的「善知識」行者之處，鋪座設席而為這位「行者」宣講「似是而非」的佛法，以投其所好，這種情形就如《大般涅槃經‧卷七》上所說的：

佛告迦葉：我般涅槃「七百歲」後，是「魔波旬」，漸當沮壞我之正法。譬如「獵師」，身服「法衣」，「魔王波旬」亦復如是，作「比丘像、比丘尼像、優婆塞像、優婆夷像」，亦復化作「須陀洹身」，乃至化作「阿羅漢身」及「佛色身」。魔王以此「有漏」之形，作「無漏身」，壞我正

法。52

　這個被「怪鬼魔所附身者」有幾種特徵：

(1)他的「形體身貌」會有種種的神通變化，在須臾之間，或現作「比丘」身，令此「行者」得見，或現為「帝釋」身，或現為「婦女」身，或現「比丘尼」身，形體身貌會快速的變來變去。這種現象在經典中非常的多，例如《摩訶般若波羅蜜經・卷十六》云：須菩提！「惡魔」化作「比丘」，被服來至菩薩所，語菩薩言：汝先聞應如是「淨修六波羅蜜」……是事汝疾悔捨。53又如《鼻奈耶・卷八》云：有「天魔波旬」化作「比丘僧」，擔囊盛「乾餅、石蜜」，摸持「九百葉餅」，於街巷間行。54或如《相應部經典・卷四》云：時「惡魔波旬」化作「農夫」，肩扛大鋤，持趕牛棒，散髮，衣大麻粗布，足塗泥漿而詣「世尊」處。55與如《相應部經典・卷四》云：時「惡魔波旬」化作一「老婆羅門相」，結髮，著羚羊背皮衣，背曲如垂木，咽喉呴呴響鳴，執「鬱曇鉢羅樹杖」，來詣諸「比丘」處。56

(2)或者他的形體雖處於「暗室」中，但卻能讓人看見他身上有「光明」。

(3)此行者一時「愚癡迷惑」不覺，便將這「被怪鬼魔所附者」迷惑為真實的菩薩現身，便接受相信他的「教導感化」，於是「被怪鬼魔所附者」便以「搖惑動蕩」的方式「收服」了這位「行者」原本禪修的定心，乃至今這位「行者」破壞了佛制的「戒律威儀」，並暗中開始從事各種「貪欲」的「婬慾苟且」諸事。

(4)當這位「行者」(或說「被怪鬼魔所附者」)成為「魔眷、魔子、魔孫、魔徒」後，

---

52 參《大般涅槃經・卷七》，詳《大正藏》第十二冊頁402下。
53 參《摩訶般若波羅蜜經・卷十六》，詳《大正藏》第八冊頁340中。
54 參《鼻奈耶・卷八》，詳《大正藏》第二十四冊頁886中。
55 參《相應部經典(第1卷-第11卷)》卷4，詳《南傳大藏經》第十三冊頁195上。
56 參《相應部經典(第1卷-第11卷)》卷4，詳《南傳大藏經》第十三冊頁195上。

便開始喜歡說種種「災祥朕兆、怪誕變異」的事，如《放光般若經・卷十二》亦載「魔王波旬」甚至能變現出大小的無數地獄，而地獄中竟然也有無數億的菩薩在裡面受諸痛苦，如經云：「**魔波旬**」化作大小「**泥犁**」，一一「**泥犁**」中有無數億千菩薩，皆在其中受諸苦痛。[57]由此可知「魔王波旬」的力量也是非常不可思議的。

(5)或說「某如來」此刻正在某處出世。

(6)或說將發生「世界末日」的「地水火風」四大災劫。

(7)或說將有全球性的「刀兵」戰爭之難(如將發生第三次、第四次的世界大戰)，導致聽到這些「恐怖訊息」的人心生畏懼，為了求得「消災解難」，於是便「竭誠供養」這個人。最終這些人的「家產資糧」便無緣無故的被「耗損散盡」了。

這個叫做「**遇物成形**」的一種「怪鬼」，這種鬼年老了變成為「魔」，受「魔王」的驅使，來惱亂「修定」的人。等到這位行者的「戒定慧」皆被破壞後，這位「怪鬼魔」的目的已達成，便「心滿意足」地離開「另一位行者」的身體而去。於是在「修定」中生起「貪求善巧」的「弟子」，與「被怪鬼魔所附」的「師父」，這兩種人都將身陷於「國家王法」的「刑罰災難」中。

這個「怪鬼魔」的由來最早是：「**若於本因，貪物為罪，是人罪畢，遇物成形，名為怪鬼**」。[58]接著這個「怪鬼」會以「物以類聚、投其所好」的方式與「貪著境界」的行者相應，進而附身到行者的身上。在「怪鬼魔」的業力報盡後，將來還會轉世成為畜生，如經云：「**物怪之鬼，物銷報盡，**

---

[57] 參《放光般若經・卷十二》，詳《大正藏》第八冊頁86下。
[58] 參《楞嚴經・卷八》，詳《大正藏》第十九冊頁145上。

生於世間，多爲梟類」。[59]最終再轉世成爲人類，但屬於「冥頑無知」難以教化的那一類人之中，如經云：「彼梟倫者，酬足復形，生人道中，參合頑類」。[60]

《楞嚴經》上說「怪鬼」會變現「比丘身、比丘尼身、帝釋身、婦女身」等，去迷惑修道人這在《大乘起信論》中亦有同樣的經文說明，論中說鬼神經常會變現「天人像、菩薩像、如來像」等，如云：

> 若人修行，漸漸能生無量「三昧」。或有眾生，無善根力，則爲「諸魔外道鬼神」之所惑亂，若於坐中現形「恐怖」，或現「端正男女」等相。當念「唯心」，境界則滅，終不爲惱。或現「天像、菩薩像」，亦作「如來像」，相好具足。或說陀羅尼、或說布施、持戒、忍辱、禪定、精進、智慧。或說「平等、空、無相、無願、無怨、無親、無因、無果」，畢竟空寂，是眞涅槃。
>
> 或令人知「宿命過去」之事，亦知「未來」之事。得「他心智」，辯才無礙，能令眾生貪著世間名利之事。又令人數瞋、數喜，性無常準。或多慈愛，多睡多病，其心懈怠，或率起「精進」，後便「休廢」。生於不信，多疑多慮。或捨本勝行，更修「雜業」，若著世事種種牽纏。亦能使人得諸三昧「少分相似」，皆是外道所得，非眞三昧。或復令人，若一日，若二日，若三日，乃至七日，住於定中。得自然香美飲食，身心適悅，不飢不渴，使人愛著。或亦令人食無分齊，乍多乍少，顏色變異。以是義故，行者常應智慧觀察，勿令此心墮於「邪網」，當勤正念，不取不著，則能遠離是諸業障。[61]

---

[59] 參《楞嚴經‧卷八》，詳《大正藏》第十九冊頁 145 上。

[60] 參《楞嚴經‧卷八》，詳《大正藏》第十九冊頁 145 中。

[61] 詳《大正藏》第三十二冊頁 582 中。

經文說明對附此魔的方法是:「行者常應智慧觀察,勿令此心墮於邪網。當勤正念,不取不著,則能遠離是諸業障」,這是以「不取不著」的「正念」來去除魔障的。在《大般涅槃經‧卷六(北)》中,佛陀亦有教云:「如來亦爾告諸聲聞。汝等不應畏魔波旬,若魔波旬化作『佛身』至汝所者,汝當精勤,堅固其心,降伏於魔。時魔即當愁憂不樂,復道而去」,[62]另《大般涅槃經‧卷三十六(北)》亦云:「魔王化作『佛像』,首羅長者見已心驚,魔見長者其心動已,即語長:我先所說『四眞諦』者,是說不眞,今當爲汝更說『五諦、六陰、十三入、十九界』。長者聞已,尋觀法相都無此理,是故堅持其心不動」[63]由此可知:只要吾人修行能「堅固其心、不取不著」則自然可以突破《楞嚴經》上所說的「怪鬼」魔力。

(二)貪求經歷　魑鬼成魔

> 阿難!又善男子,受陰虛妙,不遭邪慮,圓定發明,三摩地中,心愛遊蕩,飛其精思,貪求經歷。爾時天魔候得其便,飛精附人,口說經法,其人亦不覺知魔著,亦言自得無上涅槃,來彼求遊善男子處,敷座說法。自形無變,其聽法者,忽自見身坐寶蓮華,全體化成紫金光聚。一眾聽人,各各如是得未曾有。是人愚迷惑爲菩薩,婬逸其心,破佛律儀,潛行貪欲。口中好言諸佛應世,某處某人當是某佛化身來此,某人即是某菩薩等來化人間。其人見故,心生傾渴,邪見密興,種智銷滅,此名「魑鬼」年老成魔,惱亂是人;厭足心生去彼人體,弟子與師俱陷王難。汝當先覺,不入輪迴;迷惑不知,墮無間獄。—卷九頁149中—下。

這是第二境「貪求經歷」,導致「魑鬼成魔」來擾。這段是指「行者」

---

[62] 詳《大正藏》第十二冊頁397下。
[63] 詳《大正藏》第十二冊頁578上。

在其所修的「三摩地」中，心中生起貪愛「遊戲神通、放蕩自在」的境界，於是更「奮起飛馳」在他的「精神」和「思慮」上。「精進修行」原屬善意，無奈此行者竟於禪定修行中生起「貪求能經涉遊歷諸國土」的心，便為「天魔」有機可乘前來擾惱。

這個被「魅鬼魔所附身者」有幾種特徵：

(1)他的形體身貌並沒有任何的改變，卻可令其來「聽法的信眾」，忽然看見自己身坐在「寶蓮華」上，全身整體都「幻化匯聚」成「紫金光」色彩，儼然已成佛道之貌。還能令「一般在座大眾」及聽講者，各各都能體驗如此境界，於是人人歡喜，都大歎「得未曾有」的驚喜！此種情形與《出曜經・卷十二》上所舉的內容類似，如經云：「弊魔波旬」化作「佛形像」，來至長者家，身有「三十二相、八十種好」，「紫磨金色」，圓光「七尺」……「僞佛」告曰……吾向所說「四諦」者，實非「眞諦」，斯是「顛倒外道」所習。[64]

(2)此行者一時「愚癡迷惑」不覺，便將這「被魅鬼魔所附者」迷惑為真實的菩薩現身，於是「被魅鬼魔所附者」便以「婬縱放蕩」的方式「收服」了這位「行者」原本禪修的定心，乃至令這位「行者」破壞了佛制的「戒律威儀」，並暗中開始從事各種「貪欲」的「婬慾苟且」諸事。

(3)這位「行者」(或說「被魅鬼魔所附者」)成為「魔眷、魔子、魔孫、魔徒」後，便開始喜歡說某某諸佛已來「應化」世間。某處的某人當是某佛的「化身」，某人即是某菩薩化身來人間教化眾生等等。

(4)眾人看見「某佛某菩薩已應世」等這種「勝況」，甚至把這位「被魅鬼魔附身者」當作「佛祖再世」，心中便非常的「傾心渴仰」，從而心中的「邪見」便大大的興起。「邪見」日增，「正見」日晦，最終自己的善根「菩提

---

[64] 參《出曜經・卷十二》，詳《大正藏》第四冊頁 675 下。

種智」便消失滅盡了。

這個「魅鬼魔」的由來最早是：「貪色爲罪，是人罪畢，遇風成形，名爲魅鬼」。[65]在「魅鬼魔」的業力報盡後，將來還會轉世成爲畜生，屬於會做災禍應驗類的畜牲動物，以現代動物名詞來說，如「羣雀、眾鼠、江豚、商羊(鸘鵋)、蟹蠪(肥遺)」等等。[66]或轉生爲一切「多淫」等異類的畜牲動物，如《楞嚴經》云：「風魅之鬼，風銷報盡，生於世間，多爲咎徵一切異類」。[67]或如《正法念處經・卷三十四》云：「慾心增上，謂孔雀鳥、俱翅羅鳥、鳩鴿雞雀、鵝鴛鴦眾蜂魚等」[68]之類的動物。在《修行道地經・卷二》則云：「然後得出，復作婬鳥，鸚鵡、青雀及鴿鴛鴦、鵝鶩、孔雀、野人獼猴」，[69]最終再轉世成爲人類，但屬於「愚鈍昏昧之類者」難以教化的那一類人之中，如經云：「彼咎徵者，酬足復形，生人道中，參合愚類」。[70]這都是由「貪愛婬慾」所得的一種輪迴果報。

（三）貪求契合　魅鬼成魔

又善男子，受陰虛妙，不遭邪慮，圓定發明，三摩地中，心愛綿涧，

---

[65] 參《楞嚴經・卷八》，詳《大正藏》第十九冊頁 145 上。

[66] 如清・溥畹《楞嚴經寶鏡疏・卷八》云：類如「羣雀、眾鼠」爲荒儉之預兆。「江豚、商羊」爲風雨之前徵，詳《卍續藏》第十六冊頁 599 中。如宋・子璿《首楞嚴義疏注經・卷八》云：如「群雀、眾鼠」荒儉之徵。「鸘鵋」水災、「鶴舞」多旱，其類非一，詳《大正藏》第三十九冊頁 939 下。如宋・戒環《楞嚴經要解・卷十六》云：如「鼮鼠」呼人，「商羊」舞水類也，詳《卍續藏》第十一冊頁 863 中。如清・通理《楞嚴經指掌疏・卷八》云：如「商羊」舞水。「蟹蠪」出旱等。詳《卍續藏》第十六冊頁 274 中。

[67] 參《楞嚴經・卷八》，詳《大正藏》第十九冊頁 145 上。

[68] 詳《大正藏》第十七冊頁 201 中。

[69] 詳《大正藏》第十五冊頁 194 下。

[70] 參《楞嚴經・卷八》，詳《大正藏》第十九冊頁 145 中。

澄其精思，貪求契合。爾時天魔候得其便，飛精附人口說經法，其
人實不覺知魔著，亦言自得無上涅槃，來彼求合善男子處，敷座說
法。其形及彼聽法之人，外無遷變，令其聽者，未聞法前，心自開
悟，念念移易。或得宿命、或有他心、或見地獄、或知人間好惡諸
事、或口說偈、或自誦經，各各歡喜得未曾有。是人愚迷惑為菩薩，
綿愛其心，破佛律儀，潛行貪欲，口中好言佛有大小，某佛先佛、
某佛後佛，其中亦有真佛、假佛、男佛女佛，菩薩亦然。其人見故，
洗滌本心，易入邪悟，此名「魅鬼」年老成魔，惱亂是人；厭足心生
去彼人體，弟子與師俱陷王難。汝當先覺，不入輪迴；迷惑不知，
墮無間獄。—卷九頁 149 下。

這是第三境「貪求契合」，導致「魅鬼成魔」來擾。大意是說「行者」
在其所修的「三摩地」中，心中生起貪愛「綿密的定力以吻合妙用」境界，
於是更「凝虛澄寂」在他的「精神」和「思慮」上。「精進修行」原屬善意，
無奈此行者竟於禪定修行中生起「貪求能密切契合定力以吻合妙用」心，
便為「天魔」有機可乘前來擾惱。

這個被「魅鬼魔所附身者」有幾種特徵：
(1)他的形體及前來「聽講說法」人的形體，雖然沒有什麼「遷移變化」，但
他卻可令那些「來聽法者」在還沒有聞法之前，心便能自行「開通覺悟」。
其心念能「遷移變易」潛行無端，似乎有能移動改變事物之妙用。
(2)或能令「來聽法者」暫時獲得相似的「宿命通」，或暫時得相似的「他心
通」，或暫時能見地獄極苦之相(類似「天眼通」)。
(3)或能令「來聽法者」暫時能知人世間種種的好事和壞事。
(4)或能令「來聽法者」暫時能從口中自然宣說經文偈頌，或暫時能自然
地背誦出各種佛經，能示現出種種「類似」神通的事，能令「一般在座
大眾」及聽講者各各歡喜，都大歎「得未曾有」的驚喜！

(5)此行者一時「愚癡迷惑」不覺，便將這「被魅鬼魔所附者」迷惑為真實的菩薩現身，於是「被魅鬼魔所附者」便以「纏綿愛染」的方式去「收服」了這位「行者」原本禪修的定心，乃至令這位「行者」破壞了佛制的「戒律威儀」，並暗中開始從事各種「貪欲」的「婬慾苟且」諸事。

(6)這位「行者」(或說「被魅鬼魔所附者」)成為「魔眷、魔子、魔孫、魔徒」後，便開始喜歡說佛亦有大小高低等之分別，某佛是先佛，某佛是後佛。其中又有什麼「真佛、假佛、男佛、女佛」等邪說，且說菩薩也是這樣的等等話語(菩薩亦有大小、先後、真假、男女等分別)。

(7)眾人看見及聽見這麼多的「神通妙用」諸相，便把行者原本修行的「定心」給「沖洗滌蕩」盡了。於是認邪為正，將妄作真，改易「正悟」而入「邪悟」，墮入天魔的邪說羅網中。

以上略有七種特徵，其中第四種是「或口說偈，或自誦經」的境界，此處筆者另有一翻研究心得，根據《出三藏記集・卷五》載：「齊末太學博士江泌□處，女尼子所出。初，尼子年在齠龀 齓髫(指稚齡孩童)，有時閉目靜坐，誦出此經，或說上天，或稱神授，發言通利，有如宿習，令人寫出，俄而還止，經歷旬朔，續復如前。京都道俗，咸傳其異」。[71]這名女尼，前後閉目誦出二十一部、共三十五卷的經典，這也是歷來「公認」最具代表性的「宿習」類的「疑偽經」。筆者以為：這樣閉目誦出經典，究竟是佛？是魔？歷代的「佛典目錄學家」對此「境界」也顯得格外的矛盾，因為一方面佛教肯定「三世因果」的學說，因此認為「宿習」乃實有其事，例如梁・僧祐云：「推尋往古，不無此事」。[72]隋・費長房亦云：「房(隋朝費長房)驗經論，斯理皎然，是宿習來，非關神授，且據外典，夫子有云，生而知之者聖，學而知之者次，此局談今生，昧於過去爾，若不爾者，

---

[71] 詳《大正藏》第五十五冊頁 40 中。

[72] 參《出三藏記集・卷五》，詳《大正藏》第五十五冊頁 40 中。

何以得辯外內、賢聖、淺深、過現乎」。[73]這兩位大師均以「佛教學說」為依據，進而肯定「宿習」存在的可能性。但另一方面「佛典目錄學家」在編撰經目之時，卻又將其列為「疑偽經」，例如梁・僧祐(445〜518)云：「但義非金口，又無師譯，取捨兼懷，故附之疑例」。[74]隋・法經則云：「但自經非金口，義無傳譯，就令偶合，不可以訓，故附偽錄」。[75]唐・明佺亦云：「隋朝費長房以爲熏習有由，置於正目，《仁壽》及《咸亨》等諸目錄，皆編在偽部，謂非是佛說也，今之所撰，取則於《仁壽》等焉」。[76]又唐・智昇云：「長房以爲熏習有由，置之正目，《仁壽錄》及《內典》等錄，以非梵本翻傳，編於偽錄，今依《仁壽》等定，亦編偽中」[77]……等諸說。

　　筆者認為：雖然「宿習」是有的，但這樣由自己口中突然「宣說」經典，實在令人難以相信其為「真佛典」？而且「魅鬼」也有這份「自說經文」的功力。是魔？是佛？就要靠其是否嚴持「戒律」？合不合乎「三法印」及「四依止」(catvāri pratisaraṇāni)[78]之道了。

　　經文說這是一種「魅鬼年老成魔」的魔力使然，它的特徵也很好分辨，如「破佛律儀，潛行貪欲。口中好言佛有大小，某佛先佛，某佛後佛。其中亦有真佛假佛，男佛女佛，菩薩亦然」。既稱為佛，則無大小佛之別，

---

[73] 參《歷代三寶記・卷十一》，詳《大正藏》第四十九冊頁 97 上。

[74] 參《出三藏記集・卷五》，詳《大正藏》第五十五冊頁 40 中。

[75] 參《法經錄・卷二》，詳《大正藏》第五十五冊頁 127 下。

[76] 參《大周刊定眾經目錄・卷十五》，詳《大正藏》第五十五冊頁 472 中。

[77] 參《開元釋教錄・卷十八》，詳《大正藏》第五十五冊頁 674 下。

[78] 此指四種「依止」之項目，如：❶依法不依人(dharma-pratisaraṇena bhavitavyaṃna pudgala-pratisaraṇena)❷依了義經不依不了義經 (nītārtha-sūtra-pratisaraṇena bhavitavyaṃna neyārtha-sūtra-pratisaraṇena)❸依義不依語 (artha-pratisaraṇena bhavitavyaṃ na vyañjana-pratisaraṇena)❹依智不依識 (jñāna-pratisaraṇena bhavitavyaṃ na vijñāna-pratisaraṇena)。

這個「魅鬼魔」卻宣稱佛有大佛、小佛，其實三世諸佛皆共一法身，佛佛道同，古今一致，怎會有先、後之別呢？且佛乃「妄盡真極」的大覺者，[79]即無「真佛、假佛」之別；又佛乃「妄盡情空」者，故亦無「男佛、女佛」之別；再者，所有菩薩皆已超絕情欲，怎可能會和凡夫一樣有「真假男女」等諸事呢。以上都是「魅鬼」的魔說及魔事，吾人必須清楚的明瞭這些「邪說與正法」之別。

這個「魅鬼魔」的由來最早是：「貪惑為罪，是人罪畢，遇畜成形，名為魅鬼」，[80]在「魅鬼魔」的業力報盡後，將來還會轉世成為「狐狸」類的畜生，如經云：「畜魅之鬼，畜死報盡，生於世間，多為狐類」。[81]最終再轉世成為人類，但屬於「凶狠而乖張自用、個性懶惷、剛強難屈伏、不受教化」那一類人之中，如經云：「彼狐倫者，酬足復形，生人道中，參於狠類」。[82]這都是由於貪著「誑惑誣陷」而感招來的一種業報輪迴。

（四）貪求辨析　蠱毒魘勝惡鬼成魔

又善男子，受陰虛妙，不遭邪慮，圓定發明，三摩地中，心愛根本，窮覽物化性之終始，精爽其心，貪求辯析。爾時天魔候得其便，飛精附人口說經法，其人先不覺知魔著，亦言自得無上涅槃，來彼求元善男子處，敷座說法。身有威神，摧伏求者，令其座下雖未聞法，自然心伏，是諸人等將佛涅槃菩提法身，即是現前我肉身上，父父子子遞代相生，即是法身常住不絕。都指現在即為佛國，無別淨居及金色相。其人信受，忘失先心，身命歸依，得未曾有。是等愚迷

---

[79] 參清・通理《楞嚴經指掌疏・卷九》云：「妄盡真極，乃名為佛。」詳《卍續藏》第十六冊頁 311 上。

[80] 參《楞嚴經・卷八》，詳《大正藏》第十九冊頁 145 上。

[81] 參《楞嚴經・卷八》，詳《大正藏》第十九冊頁 145 上。

[82] 參《楞嚴經・卷八》，詳《大正藏》第十九冊頁 145 中。

惑為菩薩,推究其心,破佛律儀,潛行貪欲,口中好言眼耳鼻舌皆為淨土,「男女二根」即是菩提涅槃真處。彼無知者,信是穢言,此名「蠱毒魘勝惡鬼」,年老成魔,惱亂是人。厭足心生去彼人體;弟子與師俱陷王難。汝當先覺,不入輪迴;迷惑不知,墮無間獄—卷九頁 149 下-150 上。

這是第四境「貪求辨析」,導致「蠱毒魘勝惡鬼成魔」來擾。這段大意說:「行者」在其所修的「三摩地」中,心中忽然生起貪愛「追求萬物根本」的境界,一味的去「窮究遍覽」及探索「萬物之變化」,並參究萬物本性的末終與開始,於是更「精進爽練」在他的「修行心志」上。「精進修行」原屬善意,無奈此行者竟於禪定修行中生起「貪求辨別分析萬物根本之理」心,以致一直往外馳逐放逸,便為「天魔」有機可乘前來擾惱。

這個被「蠱毒魘勝惡鬼魔所附身者」有幾種特徵:

(1)他的身上具有魔力的「威嚴神通」,能夠以魔力來「摧挫降伏」來跟他「求學、求法」之人,使他們在「被蠱毒魘勝惡鬼魔所附者」之前,雖然還沒有聽到他的「講法」,便已經自然的「心悅拜伏」於他。

(2)他會將佛所證的「涅槃、菩提、法身」說成就是我目前現在這個「肉身」上,而父父子子的「遞更替代」相生相續即是如來清淨「法身」常住不絕(只要是男女傳宗接代,即是如來法身不斷),此在《楞嚴經指掌疏》亦詳云:父父子子,遞代相生,正是「欲貪」為本,業果相續,而乃謂其是「法身常住」,哀哉!以纏縛為解脫,以欲根為佛性,邪說誤人。[83]

(3)而且都指現前所在的世間就是真實的「佛國」,不會再有什麼「清淨佛土可居」以及覺行圓滿之「金色佛身」可尋了,此在《楞嚴經指掌疏》亦詳云:指現在即為佛國者,謬竊佛經「即染即淨」之說;無別淨居,

---

及金色相者，妄擬禪家「無土無佛」之說，如狐鼠依於城社，令人不敢焚燒，究竟狐鼠城社，具眼者自能辨之。[84]

(4)所有的信眾在接受和相信「被蠱毒魘勝惡鬼魔所附者」的說法後，皆亡失自己原先所修的禪定心，因此將身心性命皆歸命依止於他，深覺十分的殊勝，都大歎「得未曾有」的驚喜！

(5)此行者一時「愚癡迷惑」不覺，便將這「被蠱毒魘勝惡鬼魔所附者」迷惑為真實的菩薩現身，於是「被蠱毒魘勝惡鬼魔所附者」便以「推索探究」的方式「收服」了這位「行者」原本禪修的定心(指鬼魔乃以「投其所好」的方式去「推究」收服這位行者的心)，乃至令這位「行者」破壞了佛制的「戒律威儀」，並暗中開始從事各種「貪欲」的「婬慾苟且」諸事。

(6)這位「行者」(或說「被蠱毒魘勝惡鬼魔所附者」)成為「魔眷、魔子、魔孫、魔徒」後，便開始喜歡說「眼耳鼻舌身」這五根就是「淨土」，而男女的「二根」(二生殖器)就是「菩提涅槃」的真正所在處。褻瀆佛法，混亂真理，而那些「無知」的人(共業所感)竟也會相信這樣的「污言穢語」。

　　這種「蠱毒魘勝惡鬼成魔」造成的魔境略有六種，這也是當今宗教界最容易犯的「大禁忌」，也就是常常宣稱「男女雙修、陰陽和合」大法，實際上都是進行「性交、性侵」的實體內容。在基督教、天主教、佛教、附佛外道中……相關案件層出不窮，可說「五十陰魔」的全部要害都離不開「雙身婬欲」一事，此段內容請參閱下面「第十一小結」中有詳細說明。

　　經文中說的「蠱毒魘勝惡鬼成魔」，其實可再細分成二種鬼魔，一是「蠱毒惡鬼魔」，二是指「魘勝惡鬼魔」。

　　「蠱毒惡鬼魔」的由來最早是：「貪恨為罪，是人罪畢，遇蟲成形，名

蠱毒鬼」，[85]在「蠱毒惡鬼魔」的業力報盡後，將來還會轉世成為「蚖蛇、蝮蠍」有毒這類的畜牲動物，如經云：「蟲蠱之鬼，蟲滅報盡，生於世間，多爲毒類」。[86]最終再轉世成為人類，但屬於「平庸鄙俗、無識不仁、毒害愚昧乖謬」那一類人之中，如「媚世求榮、無超拔之氣、逢迎諂媚者」，如經云：「彼毒倫者，酬足復形，生人道中，參合庸類」。[87]這都是由於貪著「忤怨結恨」而感招來的一種業報輪迴。

另外一種是「魘勝惡鬼魔」，最早的由來是：「貪罔爲罪，是人罪畢，遇幽爲形，名爲魘鬼」，[88]在「魘勝惡鬼魔」的業力報盡後，將來還會轉世成為「供人服飾用」這類的畜牲，如「蠶蟲、貂蟬(貂鼠)、兔毛、狐狸毛、水貂毛、河狸毛、白鼬毛、水獺毛、紫貂毛、海豹毛、郊狼毛、毛絲鼠、負鼠毛」等等。另一種則轉生為「供人乘服用」這類的畜牲，如「驢、馬、駱駝、水牛、犛牛、大象、馴鹿」等等，如《楞嚴經》經云：「綿幽之鬼，幽銷報盡，生於世間，多爲服類」。[89]最終再轉世成為人類，但屬於「勞苦不息、碌碌營生」那一類人之中，如經云：「彼服倫者，酬足復形，生人道中，參合勞類」。[90]這都是由於貪著「誣陷姦罔」而感招來的一種業報輪迴。

（五）貪求冥感　癘鬼成魔

又善男子，受陰虛妙，不遭邪慮，圓定發明，三摩地中，心愛懸應，周流精研，貪求冥感。爾時天魔候得其便，飛精附人口説經法。其

---

85 參《楞嚴經‧卷八》，詳《大正藏》第十九冊頁 145 上。
86 參《楞嚴經‧卷八》，詳《大正藏》第十九冊頁 145 上。
87 參《楞嚴經‧卷八》，詳《大正藏》第十九冊頁 145 中。
88 參《楞嚴經‧卷八》，詳《大正藏》第十九冊頁 145 上。
89 參《楞嚴經‧卷八》，詳《大正藏》第十九冊頁 145 上。
90 參《楞嚴經‧卷八》，詳《大正藏》第十九冊頁 145 中。

人元不覺知魔著，亦言自得無上涅槃，來彼求應善男子處，敷座說法。能令聽眾，暫見其身如百千歲，心生愛染，不能捨離，身爲奴僕，四事供養，不覺疲勞。各各令其座下人心，知是先師本善知識，別生法愛，粘如膠漆，得未曾有。是人愚迷惑爲菩薩，親近其心，破佛律儀，潛行貪欲，口中好言：「我於前世、於某生中先度某人，當時是我妻妾兄弟，今來相度與汝相隨，歸某世界供養某佛。」或言別有大光明天，佛於中住，一切如來所休居地。彼無知者，信是虛誑，遺失本心，此名「癘鬼」，年老成魔，惱亂是人。厭足心生，去彼人體；弟子與師俱陷王難。汝當先覺，不入輪迴；迷惑不知，墮無間獄。－卷九頁150上-105中。

　　這是第五境「貪求冥感」，導致「癘鬼成魔」來擾。內容是說：「行者」在其所修的「三摩地」中，忽然心中生起貪愛「和懸遠的古聖仙靈(善知識)能冥合感應」境界，於是更加「周密流戀」及「精心研習」在修行上的「冥合相應」。「精進修行」原屬善意，無奈此行者竟於禪定修行中生起「貪求和懸遠的古聖仙靈(善知識)能冥合感應」心，便爲「天魔」有機可乘前來擾惱。

　　這個被「癘鬼魔所附身者」有幾種特徵：

(1)他的身上具有魔力，所以能夠使「聽眾」暫時間看到他雖然身形「鶴髮童顏」，但卻宛如有「百千歲」長壽久修的道人，從而對他心生「愛戀染著」而不願離開，乃至甘願做這個人的奴僕，受其驅使，並且以「衣服、飲食、臥具、醫藥」四種生活之需供養他，永不會感到任何的疲勞厭倦。

(2)這位被「癘鬼魔所附身」的邪師，還能使在他「座下」聽他「講法」的人，各各以爲遇到的是「前世歸依的先輩師長」，或是「前世原本依止的大善知識」，因此對他除了有「人愛」之外，還另外產生一種前所未有的「法眷情愛」，似漆如膠，粘的不可須臾分離。於是人人歡喜，都大歡

「得未曾有」的驚喜！

(3)此行者一時「愚癡迷惑」不覺，便將這「被癘鬼魔所所附者」迷惑為真實的菩薩現身，於是「被癘鬼魔所所附者」便以「親密接近」的方式「收服」了這位「行者」原本禪修的定心，乃至令這位「行者」破壞了佛制的「戒律威儀」，並暗中開始從事各種「貪欲」的「婬慾苟且」諸事。

(4)這位「行者」(或說「被癘鬼魔所所附者」)成為「魔眷、魔子、魔孫、魔徒」後，便開始喜歡說：我在前世的時候，在某某生中，我先度了某人，當時這些人都是我的「妻、妾」或「兄、弟」，今生「再續前緣」，所以特來相度，來世將與你們一起「回歸」到「某某淨土世界」，然後再去供養「某某佛」。

(5)或說另有一個「大光明天」淨土(其實就是欲界天頂的「他化自在天魔王」宮殿)，有「佛」就住在那裡，那也是一切如來所「休息安居」的地方。其實魔王所謂的「大光明天」就是指「欲界」第六層天接近「初禪天」的另一個「魔宮」之處，這是魔王的「住所」。[91]魔王會謂此處即是「**一切如來所休居地**」的「**涅槃處**」，其實佛的「真涅槃地」豈有「**處**」耶？故清·靈耀《楞嚴經觀心定解》即云：今指「天」為圓寂之地，非「魔」是何？[92]那些無慧無知的信徒們(共業所感)，竟也都相信這些「虛妄欺誑」的邪說，以至於遺失了原本修道、修禪定的「本元真心」。

經文中說：別有「大光明天」，佛於中住，[93]指的就是「欲界」的「第六層天」魔宮之處，因為欲界「第六天」除了有「天人」在此住外，還有另一個「魔宮」專由「他化自在天魔」所住，如《瑜伽師地論·卷四》云：「他

---

[91] 此說引見清·通理《楞嚴經指掌疏》云：「或言別有等者，謬指『欲頂魔宮』為『大光明天』，謬指『欲頂魔王』為『佛』，於中住，謬謂信其說，歸其教者」。詳《卍續藏》第二十四冊頁 769 下。

[92] 詳《卍續藏》第二十四冊頁 101 下。

[93] 參《楞嚴經·卷九》，詳《大正藏》第十九冊頁 150 上。

化自在天」復有「摩羅」天宮，即「他化自在天」攝，[94]所以欲界「第六天」不能盡說為「魔王」所住，亦有一般的「天人」住於此地。

這個「癘鬼魔」的由來最早是：「貪憶為罪，是人罪畢，遇衰成形，名為癘鬼」，[95]在「癘鬼魔」的業力報盡後，將來還會轉世成為「蛔蟲、蟯蟲」等這類的小蟲類動物，如經云：「衰癘之鬼，衰窮報盡，生於世間，多為蛔類」。[96]最終再轉世成為人類，但屬於「卑微、下賤、倡優、婢僕」那一類人之中，如經云：「彼蛔倫者，酬足復形，生人道中，參合微類」。[97]這都是由於貪著「憶念宿世怨氣」而感招來的一種業報輪迴。經文中說「心愛懸應……貪求冥感」就是類似「貪憶」的一種行為，如此就會很容易與「癘鬼魔」而相應。

（六）貪求靜謐　大力鬼成魔

又善男子，受陰虛妙，不遭邪慮，圓定發明，三摩地中，心愛深入，克己辛勤，樂處陰寂，貪求靜謐。爾時天魔候得其便，飛精附人口說經法。其人本不覺知魔著，亦言自得無上涅槃，來彼求陰善男子處，敷座說法。令其聽人各知本業，或於其處語一人言：「汝今未死，已作畜生。」勅使一人，於後踏尾，頓令其人起不能得。於是一眾，傾心欽伏。有人起心，已知其肇，佛律儀外，重加精苦，誹謗比丘，罵詈徒眾，訐露人事，不避譏嫌。口中好言未然禍福，及至其時毫髮無失，此「大力鬼」，年老成魔，惱亂是人。厭足心生，去彼人體；弟子與師，俱陷王難。汝當先覺，不入輪迴；迷惑不知，墮無間獄。

---

94 參《瑜伽師地論・卷四》，詳《大正藏》第三十冊頁294下。
95 參《楞嚴經・卷八》，詳《大正藏》第十九冊頁145上。
96 參《楞嚴經・卷八》，詳《大正藏》第十九冊頁145上。
97 參《楞嚴經・卷八》，詳《大正藏》第十九冊頁145中。

—卷九頁 150 中。

這是第六境「貪求靜謐」。導致「大力鬼成魔」來擾。內容是說「行者」在其所修的「三摩地」中，忽然心中生起「愛戀執著」更「深靜入謐」的定境，於是更加「克制自己」及「辛苦勤修」，樂於處在「陰隱寂靜」(陰靜幽寂)之境。「精進修行」原屬善意，無奈此行者竟於禪定修行中生起「貪求寂靜寧謐」心，便為「天魔」有機可乘前來擾惱。「靜謐」是一種禪那清淨之地，意即行者為達成「深入圓通」的妙定，故嚴厲的克制自己，不計辛勤的用功求道，喜歡住在「陰隱寂靜」的地方去貪求「深密的禪境」。行者若有此貪念，則會引起「大力鬼」的附身。

「大力鬼」是一種「上上品神通力大之鬼」，[98]如《楞嚴經・卷六》云：「如不斷殺，必落神道。上品之人，爲大力鬼」。[99]《卷十》云：「陰魔銷滅，天魔摧碎。大力鬼神，褫魄逃逝。魑魅魍魎，無復出生」。[100]《卷十》末云：「他方菩薩二乘，聖仙童子，并初發心大力鬼神，皆大歡喜，作禮而去」。[101]曾有註解將此鬼配於《卷八》之「大力鬼王」，如云：「大力鬼王是情少想多(八想二情)中大方鬼王之屬，不能護法護咒，住如來座下，專以鬼業得大力報者」。[102]筆者以為經文但云「大力鬼」，沒有「王」字，未必就是指「大力鬼王」。[103]因為《正法念處經・卷十六》上載的是：「偷盜他財，誑人取物，或恃勢力，強奪人財……爲如是，是爲不淨施，是人身壞命終對之後，生於『大力神通鬼』中」。[104]另《餓鬼報應經中》又載「大力鬼」

---

[98] 參《楞嚴經正脈疏》，詳《卍續藏》第十八冊頁 851 上。

[99] 參《楞嚴經・卷六》，詳《大正藏》第十九冊頁 132 上。

[100] 參《楞嚴經・卷十》，詳《大正藏》第十九冊頁 154 中。

[101] 參《楞嚴經・卷十》。詳《大正藏》第十九冊頁 155 中。

[102] 參明・錢謙益《楞嚴經疏解蒙鈔》，詳《卍續藏》第二十一冊頁 649 下。

[103] 此說參見清・靈耀《楞嚴經觀心定解》，詳《卍續藏》第二十四冊頁 102 上。

[104] 詳《大正藏》第十七冊頁 97 上。或見《法苑珠林・卷六》，詳《大正藏》第五十三冊頁 312 上。

是廁上專取屎食的鬼。[105]而《金光明經・卷三》所載的「**大力鬼王**」則又是似於《楞嚴經》上專門護持修行者的「善鬼神」。[106]總之：「**大力鬼**」是一個鬼魔的名字，至於他的「本因」與「本業」亦是隨緣不定的。

　　這個被「大力鬼魔所附身者」有幾種特徵：

(1)他的身上具有魔力，所以能夠令那些來「聽他說法的人」各自知道自己前世的「因果作業」(類似宿命通)。

(2)或者在「被大力鬼魔所附者」說法的地方，他會對某人講說：你現在雖然還沒有死，但是已作了「畜生」(畜生相已然現前，此類似預知未來的神通)。為了證明此事，於是敕使另外一個人在此人的「身後」去做踩踏「尾巴」的動作，因魔力所加，頓時便令此人真的不能「起身」。於是「一般在座大眾」對他都非常的「傾慕醉心」及「欽佩敬伏」。此時的與會大眾中，如果有人對此「神異事」生起一念的「疑心」，這位「被大力鬼魔所附者」便會馬上知道他生起「疑心」的最初端倪(類似他心通)，甚至會當場斥責那個「不相信的人」，來證明他有「他心通」的能力。

(3)「被大力鬼魔所附者」會在佛制的「戒律威儀」外，另外增加一些與外道相似的「精勤苦行」(指外道的「戒禁取見」，如見牛狗死後生天，便學牛狗之所為，食草噉糞)。

(4)隨意的去誹謗「出家比丘」，以「惡語」去「斥罵詛詈」他的信眾弟子(藉以顯示出自己沒有私心)。

(5)肆無忌憚公開的去「攻訐揭露」他人的「私事秘密」(指「破和合僧」的五逆重罪之一，此類似「眼、耳通」)，完全不避「譏笑嫌惡」(藉以顯示出自己心直口快)。

(6)其人口中喜歡講還未發生成為事實的「未來禍福」預言，其所說的預言，也常常都毫髮不差的應驗。

---

[105] 詳《大正藏》第十七冊頁 561 中。
[106] 詳《大正藏》第十六冊頁 350 上。

關於這「第六魔境」這段經文在歷代祖師的註解中曾有「經文上下互換」的爭議，如明・通潤《楞嚴經合轍》、[107]明・交光《楞嚴經正脈疏》[108]及民國・圓瑛《楞嚴經講義》、[109]民國・海仁《楞嚴經講記》[110]……等註疏皆謂此「第六魔境」應是「宿命」之文，而下段「第七魔境」的「宿命」之語應是「第六魔境」的「靜謐」之文，兩者應該互換方能前後相應。這種說詞似乎亦有理，但反對者亦有之，如清・靈耀《楞嚴經觀心定解》云：然「知後報」，即屬天眼，豈皆宿命者哉？東土人師只聞解經不聞改經。[111]清・錢謙益《楞嚴經疏解蒙鈔》即云：此言亦有理在，然翻度久遠，誰敢「自命譯主」耶？[112]民國・守培《楞嚴經妙心疏》更辯曰：不知「宿命」求知，「前生」之事也。「靜謐」求知，「後生」之事也，經文未倒，解者誤解經文也、[113]前文求知「生後」之事，下文求知「生前」之事，其求知雖同，所知各異，解者未詳，故於經文生顛倒見也。[114]

筆者的看法採保守觀點，不做任何的經文異動，故取錢氏、守培、靈耀之說為准。宋・戒環《楞嚴經要解・卷十八》曾云：邪定能具五通，「本業」宿業也。「畜生」後報也，此二宿命通也。「知肇」他心通也；「許

---

[107] 云：「心愛」四句，當與下章「心愛」三句「換過」，則前後相應矣！詳《卍續藏》第二十二冊頁 598 上。

[108] 云：六、貪求「靜謐」，此科似是貪求「宿命」，以詳玩魔事皆「宿命通」，恐與下科「顛倒」差誤，又與上科皆爲「宿命」，但上多示知「過去」，此多示知「未來」……七、貪求宿命，詳玩魔事，酷似「靜謐」之事，蓋寶藏符識，皆「陰寂隱微」之類，且不似上科了然顯於「宿通」也。我故疑恐，譯人一時「誤」相倒換，理或有之。詳《卍續藏》第十八冊頁 850 下及 851 上。

[109] 參《楞嚴經講義》頁 1542 及 1544。台北大乘精舍印。1996 年

[110] 參《楞嚴經講記》頁 1076。台南和裕印。1989 年

[111] 詳《卍續藏》第二十四冊頁 102 上。

[112] 詳《卍續藏》第二十一冊頁 649 下。此語亦同見於《楞嚴經寶鏡疏》，詳《卍續藏》第九〇冊頁 903 下。

[113] 詳《佛教藏》第一二一冊頁 637。

[114] 詳《佛教藏》第一二一冊頁 638。

「露」眼耳通也」。[115]所以若以「第六魔境」經文「各知本業」一語來看，的確是指「宿業」，但後來說的未來成「畜生、知肇」和「訐露」等語，皆是指「未來」的預知能力，此與「第七魔境」的「貪求宿命」似乎完全不符的。故本「第六魔境」的經文應該「未倒」，乃解經者多疑所致。

至於經文中出現「蹋尾」一事，這究竟是魔？是佛？筆者要舉隋朝的道舜大師為例，根據唐·道宣撰《續高僧傳·卷十八》載道舜大師是「日惟一食，常坐卒歲，斯亦清素之法門也，德豐內溢，聲流氓俗，能感蛇鼠，同居在繩床下，各孚產育，不相危惱，又致虎來蹲踞其側，便為說法……」[116]這樣非常有德行的一位高僧。[117]在開皇初年(公元 581)時曾有一女求大師授戒，大師告女云：「汝當生牛中，其相已現，戒不救汝也。」時有不信大師之言，皆以大師妖言惑眾，於是大師告眾曰：「必不信者，試蹋汝牛尾業影，必當不起，即以足蹋女裙後空地。云是尾影，其女依言，取起不得，時眾警信……」，[118]後道舜大師便開示其因果惡業並為之「營福」令其修懺悔，待惡業消滅，方為之授戒。從這段史料來看，佛魔之隔，的確是一念之差，須善加觀察才能正確的認知。

這位被「大力鬼魔」所附身的明顯特徵是「佛律儀外，重加精苦。誹謗比丘，罵詈徒眾。訐露人事，不避譏嫌。口中好言未然禍福」。唯獨沒有「破佛律儀」及「宣婬潛行貪欲」諸事。所謂的「重加精苦」就是行一些無益的苦行，如清·灌頂大師云：「重加精苦者，如斷五味、裸四肢、拔

---

[115] 詳《卍續藏》第十七冊頁 880 上。

[116] 詳《大正藏》第五十冊頁 577 上。或見《神僧傳·卷五》，詳《大正藏》第五十冊頁 977 中。

[117] 道宣律師又讚道舜大師云：「道舜之觀牛影，智通之感奇相，僧定之制強賊，節操如鐵石，志概等雲霄，備彰後傳，略為盡美……。」參《續高僧傳·卷二十》，詳《大正藏》第五十冊頁 597 上。

[118] 詳《大正藏》第五十冊頁 577 上。

髮、熏鼻，投灰、臥棘等皆是」。[119]《(北)大般涅槃經‧卷十六》曾分析這些苦行的外道云：

(1)自餓外道，斷食而忍饑餓者(彼等不羨飲食，長忍飢虛，執此苦行以為得果之因)。

(2)投淵外道，寒時入深淵，忍受凍苦者(彼等入寒深淵，忍受凍苦，執此苦行以為得果之因)。

(3)赴火外道，以五熱燒炙其身者(彼等身常炙熱，及熏鼻等，甘受熱惱，執此苦行以為得果之因)。

(4)自坐外道，不分寒暑，裸身坐於露地者(彼等常自裸形，不拘寒暑，坐於露地，執此苦行以為得果之因)。

(5)寂默外道，住於屍林塚間，默而不語者(彼等以屍林塚間為住處，寂默不語，執此苦行以為得果之因)。

(6)牛狗外道，持守牛戒、狗戒，盼得生天者(彼等自謂由前世牛狗中而來，故持牛狗戒，齰草噉污，唯望生天，執此苦行以為得果之因)」。[120]

又《雜阿含經‧卷三十五》亦云：「或拔髮、或拔鬚、或常立舉手、或蹲地、或臥灰土中、或臥棘刺上、或臥杵上、或板上、或牛屎塗地而臥其上、或臥水中、或日三洗浴、或一足而立身隨日轉。如是眾苦精勤有行，尸婆！是名自害。他害者，或為他手、石、刀、杖等種種害身，是名他害」[121]……等等。曾有註解將「日中一食」亦算入「佛律儀外，重加精苦」的修行，[122]關於這點筆者將在下段「第七貪求宿命」一文中詳述之。

---

[119] 參《楞嚴經寶鏡疏》，詳《卍續藏》第二十四冊頁 770 下。

[120] 以上簡言之，原文詳見《大正藏》第十二冊頁 462 上，或參見《南本大般涅槃經‧卷十五》，詳《大正藏》第十二冊頁 704 中。

[121] 詳《大正藏》第二冊頁 252 下。

[122] 如海仁《楞嚴經講記》頁 1076 云：「重加精苦，修習苦行，如投灰臥棘，拔髮熏鼻等外道，或一日一食等」。台南和裕印。1989 年。

這個「大力鬼魔」的由來最早是：「貪憶爲罪，是人罪畢，遇氣成形，名爲餓鬼」，[123]在「大力鬼魔」的業力報盡後，將來還會轉世成為「被食噉」這類的畜牲動物，例如「牛、羊、豬、雞、鴨、魚、蝦」等等，如經云：「受氣之鬼，氣銷報盡，生於世間，多爲食類」。[124]最終再轉世成為人類，但屬於「柔弱懦性、被世欺凌、不能卓立」那一類人之中，如經云：「彼食倫者，酬足復形，生人道中，參合柔類」。[125]這都是由於貪著「驕慢高憶」而感引來的一種業報，既然有「空腹高心」的「憶心」，就不樂與眾人為伍，喜歡深入獨處，最終因「貪求靜謐」而招感「大力鬼」所擾。

（七）貪求宿命　山林土地城隍川嶽鬼神成魔

又善男子，受陰虛妙，不遭邪慮，圓定發明。三摩地中，心愛知見，勤苦研尋，貪求宿命。爾時天魔候得其便，飛精附人，口說經法。其人殊不覺知魔著，亦言自得無上涅槃。來彼求知善男子處，敷座說法。是人無端於說法處，得大寶珠，其魔或時化爲畜生，口銜其珠，及雜珍寶、簡冊、符牘諸奇異物，先授彼人，後著其體。或誘聽人藏於地下，有明月珠照耀其處。是諸聽者，得未曾有。多食藥草，不餐嘉饌。或時日餐一麻一麥，其形肥充，魔力持故。誹謗比丘，罵詈徒眾，不避譏嫌。口中好言他方寶藏，十方聖賢潛匿之處。隨其後者，往往見有奇異之人。此名「山林土地城隍川嶽鬼神」年老成魔。或有宣婬，破佛戒律，與承事者潛行「五欲」。或有精進，純食「草木」，無定行事，惱亂是人。厭足心生，去彼人體。弟子與師，俱陷王難。汝當先覺，不入輪迴。迷惑不知，墮無間獄。─卷九頁150中-150下。

---

[123] 參《楞嚴經・卷八》，詳《大正藏》第十九冊頁145上。
[124] 參《楞嚴經・卷八》，詳《大正藏》第十九冊頁145上。
[125] 參《楞嚴經・卷八》，詳《大正藏》第十九冊頁145中。

這是第七境「貪求宿命」，導致「山林土地城隍川嶽鬼神成魔」來擾。內容是說「行者」於其所修的「三摩地」中，忽然心中生起貪愛「宿命知見」的境界，於是更加的去「精勤苦修」與「研究探尋」。「精進修行」原屬善意，無奈此行者竟於禪定修行中生起「貪求宿命知見」心，便為「天魔」有機可乘前來擾惱。

這個被「山林土地城隍川嶽鬼神魔所附身者」有幾種特徵：

(1)他的身上具有魔力，所以可以無緣無故地從「講法的地方」取得一顆「大寶珠」，以顯示他的神通力。

(2)這位「山林、土地、城隍、川嶽鬼神魔」有時候會直接變化成為動物畜生，經典上也常記載魔王會變化出一些畜牲動物，如《相應部經典・卷四》云：爾時，「惡魔波旬」欲令世尊，生起恐怖毛髮豎立，乃化作「大象王」，來詣世尊前。[126]又如《雜阿含經・卷三十九》亦載云：「魔波旬」……化作「大牛」，往詣佛所。[127]《楞嚴經》中說這些變化出來的動物口中會含著「珠寶」及「雜色珍寶」，或是古代的「簡籍、書冊、竹符、牘函」等眾多的「奇珍異物」，然後將這些東西傳授給「被魔附身者的行者」，之後再「附著」到這位「行者」身上。

(3)「被山林、土地、城隍、川嶽鬼神魔所附者」便開始誘惑來「聽他講法」的人，並說某地方中藏有「明月寶珠」，有閃閃的珠光照耀在那裡，使得所有來「聽講者」各個歡喜，都大歎「得未曾有」的驚喜！

(4)「被山林、土地、城隍、川嶽鬼神魔所附者」多半以「藥草」為食，不吃精美的「嘉膳美饌」。

(5)或者有時一天只吃「一麻一麥」，但其身體依然「肥滿充實」，這是由於「魔力」加持的緣故。

---

[126] 參《相應部經典(第 1 卷-第 11 卷)》卷 4，詳《南傳大藏經》第十三冊頁 180 上。

[127] 參《雜阿含經・卷三十九》，詳《大正藏》第二冊頁 290 上。

(6)會隨意的去誹謗「出家比丘」，以「惡語」去「斥罵詛詈」他的信眾弟子(藉以顯示出自己沒有私心)，完全不避「譏笑嫌惡」(藉以顯示出自己心直口快)。

(7)嘴上喜歡說某個他方處有「寶藏」，或說某地方是十方聖賢所「隱潛藏匿」之處，然後跟隨他前去「查看」及親近供養，往往就真的會見到那邊的「奇異之人」，所以大家都很相信他。這個叫做「山林、土地、城隍、川嶽鬼神」的一種「怪鬼」，這種「鬼」年老了變成為「魔」，受「魔王」的驅使，來惱亂「修定」的人。

(8)這些「山林、土地、城隍、川嶽鬼神魔」專門「附身於人」而宣說「淫穢」之事，來破壞佛制的「戒律威儀」。

(9)然後與「跟他承事學習者」(侍者及弟子們)一起暗中進行「財色名食睡」五欲的享樂。

(10)或者教人純粹只吃「藥草、樹根、樹木」的「邪精進」用功方式，時瞋時喜、時勤時惰，沒有一定的行事規則，以種種「外道方式」來惱亂修道人。

　　經文中言「日餐一麻一麥，其形肥充，魔力持故」，在佛教經典中確有「日餐一麻一麥」修行方法，這與《楞嚴經》中所說的「魔力持故」有何異同呢？根據《悲華經・卷六》、[128]《修行本起經・卷下》、[129]《大莊嚴論經・卷十》[130]……等諸經皆載釋尊當年六年修行的方式是：「誓日食一麻一米，以續精氣，端坐六年，形體羸瘦」。世尊當年亦是「日食一麻一米」，但世尊是「形體羸瘦」，不是《楞嚴經》上說的「其形肥充」；不過這亦不代表「形體羸瘦」的「日餐一麻一麥」就一定是屬於「正法」，因為佛法是因人心而起，是正人行邪法，邪法亦正；邪人行正法，正法亦邪

---

[128] 詳《大正藏》第三冊頁 207 下。
[129] 詳《大正藏》第三冊頁 469 下。
[130] 詳《大正藏》第四冊頁 312 中。

的「隨眾生心，應所知量」，[131]雖然「日餐一麻一麥」並非佛教所大力提倡的修行法門，但佛教的高僧傳中確實也有「日餐一麻一麥」的真正修行者(非魔附身)，這就要看其人「發心」正確與否？是否言行舉止皆合乎「佛戒」？

試舉東晉一位僧人，名單ㄕㄢ道開，他是敦煌人，曾經誦經達四十多萬遍，從不食人間穀物，只吃點「柏實(柏樹結的果實)」、松脂(由松類樹幹分泌出的樹脂)、細石子」之類的東西，而且夜不倒單，寒暑皆不畏，最後仍長壽百餘歲。如《高僧傳・卷九》云：

> 單ㄕㄢ道開，姓孟，燉煌人。少懷栖隱，誦經四十餘萬言。絕穀，餌「栢實」。「栢實」難得，復服「松脂」，後服「細石子」。一吞數枚，數日一服。或時多少，啖「薑、椒」。如此七年。後不畏寒暑，冬溫夏涼，晝夜不臥……阜陵太守遣馬迎開，開辭，能步行三百里路……一日行七百里，至南安度一童子為沙彌……開能救「眼疾」，時秦公石韜就開治目……後入羅浮山，獨處茅茨，蕭然物外。春秋「百餘歲」，卒于山舍，勅弟子以屍置石穴中。[132]

按照單道開的修行方式，絕非是「魔力持故」，所以唐・道宣律師便說：僧之眞偽，唯佛明之，自餘凡小，卒未能辯。良由導俗化方，適(機)緣不一：權道(教化世間的變通之道)難謀(謀議;思量)，變現隨俗。不可以「威儀」取，難得以「事相」求，通道(貫通道理)為先。[133]

亦有人認為此段經文中所說的「日餐一麻一麥」即指「日中一食」之

---

[131] 詳《大正藏》第十九冊頁 117 下。

[132] 參《高僧傳・卷九》，詳《大正藏》第五十冊頁 387 中。另外《佛祖統紀・卷三十六》則另記說：「後入羅浮山石室，坐亡」，詳《大正藏》第四十九冊頁 340 上。

[133] 參唐・道宣撰《集神州三寶感通錄・卷下》，詳《大正藏》第五十二冊頁 430 中

法，進而以持「日中一食」者為「非法、非律」之說。其實「日中一食」或「夜不倒單」本是「佛制」，是「佛說」，並不是邪法，如《十二頭陀經》中的第四頭陀法(dhūta)即是「受一食法」，日僅受一食(梵 ekāsanika，巴 ekāsanikaṅga，又作一坐食、一受食)，則指每日唯受一食，而不數次受食，以免妨礙一心修道。第十二頭陀法是「但坐不臥」，若安臥，慮諸煩惱賊常伺其便。[134]在《增一阿含經・卷四十六》中謂有十一種苦行方式，第四種是「一時食」，第五種是「正中食」，第九種是「露坐閑靜處」。[135]又《摩訶僧祇律・卷十七》亦云：「如來以『一食』故，身體輕便，得安樂住，汝等亦應『一食』……若比丘非時食，波夜提……非時者，若時過如髮瞬，若草葉過，是名非時」。[136]或見《增一阿含經・卷四十七》載：「爾時世尊告諸比丘，我恒一坐而食，身體輕便，氣力強盛。汝等比丘亦當一食」[137]……等。

在中國執持「日中一食」或「夜不倒單」(即常坐不臥)的僧人，史傳上的記載非常非常的多，茲舉最有名的北齊・南嶽 慧思禪師、[138]東晉・佛陀耶舍、[139]唐・澄觀 清涼大師、[140]唐・懷玉大師、[141]唐・道宣律師、[142]唐末五

---

[134] 分別詳於《大正藏》第十七冊頁 721 上和下。

[135] 經上明白的說「行者若能於十一年間行此法，現身即成就阿那含，來生必能成就阿羅漢」。以上簡言之，原文詳於《大正藏》第二冊頁 795 上-中。

[136] 詳《大正藏》第二十二冊頁 359 中-360 上。

[137] 詳《大正藏》第二冊頁 800 中。

[138] 如《景德傳燈錄・卷二十七》載：「稟具常習坐，日唯一食，誦《法華》等經滿千遍」。詳《大正藏》第五十一冊頁 431 上。

[139] 如《高僧傳・卷二》載：「時至分衛，一食而已」。詳《大正藏》第五十冊頁 334 中。

[140] 參《佛祖統記・卷二十九》云：「大統清涼國師…壽一百二歲…身長九尺四寸，手垂過膝，夜目發光，晝仍不瞬…盡形一食，宿不離衣」。詳《大正藏》第四十九冊頁 293 中。

[141] 如《宋高僧傳・卷二十四》載：「一食長坐，蚤虱恣生，唯一布衣行懺悔之法」。詳《大正藏》第五十冊頁 865 上。

[142] 如《宋高僧傳・卷十四》載大師：「三衣皆紵，一食唯菽，行則杖策坐不倚床，蚤

代・永明 延壽禪師、[143]及清・省庵大師[144]……等都是「日中一食」的執持者，所以「日餐一麻一麥」與「日中一食」的修行方式應該是有所區別的，且「日中一食」並不是《楞嚴經》上說的於「佛律儀外，重加精苦」的一種「外道」無益苦行。

這位被魔附身的行者除了上述的「神通異能」之術外，最明顯的特徵不外是「誹謗比丘，罵詈徒眾，不避譏嫌……或有宣婬破佛戒律，與承事者潛行五欲」。宣導婬穢之行，破壞清淨戒律，暗地實行「財色名食睡」等五欲。所以就算他真能「日餐一麻一麥，其形肥充」，但終究不捨「五欲」之樂啊！

(八) 貪求神力　天地大力「山精、海精、風精、河精、土精」五精成魔

又善男子，受陰虛妙，不遭邪慮，圓定發明，三摩地中，心愛神通，種種變化，研究化元，貪取神力。爾時天魔候得其便，飛精附人口說經法，其人誠不覺知魔著，亦言自得無上涅槃，來彼求通善男子處，敷座說法。是人或復手執火光，手撮其光，分於所聽，四眾頭上。是諸聽人，頂上火光皆長數尺，亦無熱性，曾不焚燒；或水上行，如履平地；或於空中，安坐不動；或入瓶內，或處囊中；越牖透垣，曾無障礙；唯於刀兵不得自在。自言是佛，身著白衣，受比

蝨從遊居然除受，土木自得固己亡身」。詳《大正藏》第五十冊頁 790 下。

[143] 如《景德傳燈錄・卷二十六》載：「大師既冠不茹葷，日唯一食，持《法華經》七行俱下。」詳《大正藏》第五十一冊頁 421 下。

[144] 為清代淨土宗僧，蓮宗第九祖。江蘇 常熟人，俗姓時，字思齊，號省庵。世代習儒，夙有出塵之志。十五歲出家，經典過目不忘。二十四歲受具足戒，嚴持戒律，不離衣缽，日僅一食，恆不倒單。詳《新續高僧傳・卷四十五》，《佛教藏》第一六一冊頁 710-711。

丘禮，誹謗禪律，罵詈徒眾，訐露人事，不避譏嫌，口中常說神通
自在，或復令人傍見佛土，鬼力惑人非有真實，讚歎行婬，不毀麁
行，將諸猥媒，以為傳法，此名天地大力「山精、海精、風精、河
精、土精」，一切草木，積劫「精魅」，或復「龍魅」，或壽終仙，再活
為「魅」，或仙期終，計年應死，其形不化，「他怪」所附，年老成魔。
惱亂是人。厭足心生，去彼人體；弟子與師多陷王難。汝當先覺，
不入輪迴；迷惑不知，墮無間獄。—卷九頁 150 下。

　　這是第八境「貪求神力」，導致天地大力「山精、海精、風精、河精、
土精」五精成魔來擾。大意是說「行者」於其所修的「三摩地」中，心中忽
然生起貪愛「神妙莫測通達無礙」的種種變化境界，於是更加「精研深究」
神通變化發生之根元。「精進修行」原屬善意，無奈此行者竟於禪定修行
中生起「貪求獲取神通的威力」心，便為「天魔」有機可乘前來擾惱。

　　這個被「天地大力『山精、海精、風精、河精、土精』五精魔所附身
者」有幾種特徵：
(1)可以用手就可直接「執取」大火光，或用手指撮取「火光」，再分別置放
　　「在場聽法」的所有四眾弟子的「頭頂」上。這些聽眾的頭上「火光」都
　　長達數尺，但卻感覺不到半點熱火，竟也不會焚燒身體。
(2)或可在水上行走，就如履平地般的自在，此魔似乎於水火中已得「自
　　在」之神通，這種現象在《根本說一切有部毘奈耶雜事・卷二十六》
　　亦有說明，如云：「魔王波旬」即便化作晡剌拏(外道之名)形，往末羯利瞿
　　舍梨子(古印度「六師外道」之一)處，即於其前現諸「神變」，身出「水火」，降
　　雨雷電。[145]
(3)或可以在「虛空」中安坐不動。

---

[145] 參《根本說一切有部毘奈耶雜事・卷二十六》，詳《大正藏》第二十四冊頁 329 上。

(4)或可以把自己裝在「瓶」內。

(5)或可以處在「囊袋」中，此魔似乎已得「大小無礙」的神通，如《中阿含經・卷三十》亦有記載魔王能變成「微細身形」而干擾四果大阿羅漢，如經云：彼時，魔王化作「細形」，入尊者大目揵連腹中。[146]

(6)或可以穿越窗戶、穿牆透壁，竟無任何的障礙。

(7)但是唯有在「刀兵武器」之前是無能為力，且不得自在(因雖有神通，但欲念尚存，「身執」猶在，故仍怕受傷)。

(8)這人竟稱自己已是「佛」，穿著白衣俗人的衣服，還接受「比丘們」的禮敬參拜。如《大般若波羅蜜多經・卷三〇四》亦有云：有諸「惡魔」，化作「佛像」，「苾芻」圍遶，宣說法要，菩薩見之，深生「愛著」……當知是為菩薩魔事……有諸「惡魔」化作「菩薩」摩訶薩像……菩薩見之，深生「愛著」……當知是為菩薩魔事。[147]

(9)隨意的去誹謗「禪定和戒律」，以「惡語」去「斥罵詛罵」他的信眾弟子(藉以顯示出自己沒有私心)。

(10)肆無忌憚公開的去「攻訐揭露」他人的「私事秘密」(指「破和合僧」的五逆重罪之一，此類似「眼、耳通」)，完全不避「譏笑嫌惡」(藉以顯示出自己心直口快)。

(11)這人口中常愛談說他已得「神通自在」。

(12)或者使他身邊的人親眼見到「佛國淨土」，以證明他自己已是「佛」。其實這些都是由於「天地大力五精鬼魔的神力」迷惑了無知的人，並非是此人真正實在具有「神通」的本領。

(13)有時又稱揚讚歎男女「行婬」之法，說是可以使「法身」常住不絕，或快速一生成佛。他不但「不毀棄」這種「粗陋鄙穢」的犯戒惡法行為，竟還將這種最「猥褻婬媟、卑鄙骯髒」的東西，作為「傳道、傳法」的法器，稱說可令「佛種」不斷。

---

[146] 參《中阿含經・卷三十》，詳《大正藏》第一冊頁 620 中。

[147] 參《大般若波羅蜜多經(第 201 卷-第 400 卷)》卷 304，詳《大正藏》第六冊頁 549 下。

被「五精魔」所附身者雖有上述種種的功夫神力,但卻怕「刀兵劫」,從怕「刀兵劫」中也可證明他的「身見」並未斷。因為若真入火不燒、入水不溺,則又何畏於「刀兵劫」?可知此魔力只能空「外境」,不能空「內身」,仍貪戀著色身而不得自在,故畏「刀兵」之劫。《觀世音菩薩普門品》上說:「**念彼觀音力,刀尋段段壞**」,[148]虔誠稱唸觀世音菩薩聖號都能避「刀劫」,這是魔力所無法達到的境界。

此「五精魔」的「不避水火」功夫,在《摩訶止觀》中的「時媚鬼」也有這種功夫,如云:「**若邪想坐禪,多著時媚**」、[149]「**若受著稍久,令人猖狂恍惚,妄說吉凶,不避水火**」。[150]此外,這種魔還常稱自己是「佛陀真身」(破壞佛寶),身上穿著在家人的衣服,卻接受出家比丘的禮拜(破壞僧寶),進而毀謗禪定和戒律(破壞法寶)。

經文中的「不毀麤行」四字,似乎較難解釋,這點明・蓮池 袾宏大師有詳細的考究,大師云:「毀」字二用,一是毀譽之毀,譏謗也;一是成毀之毀,廢滅也。古訓「毀」為「隳」,「隳」者廢也,滅也,如仲尼「隳三都」,是也。此二句是二事,一者於婬欲法,反加「讚歎」。二者於諸麤行,「安意」為之,不復隳滅。「麤行」者,麤陋鄙褻之事,稍次於婬慾,即「僧殘」之類,皆惡邊事也。[151]所以「不毀麤行」即是不戒掉「麤陋鄙褻」的惡事、不禁止諸「無禮僧殘」之類的惡事。

---

[148] 詳《大正藏》第九冊頁 57 下。

[149] 詳《大正藏》第四十六冊頁 115 上。

[150] 詳《大正藏》第四十六冊頁 115 中。

[151] 參《楞嚴經摸象記》,詳《卍續藏》第十九冊頁 38 上。又「僧殘」(saghāvaśeṣa),音譯「僧伽婆尸沙」,是五篇七聚之一。指戒律中僅次於波羅夷之重罪,又作「眾餘、眾決斷、僧初殘」。

（九）貪求深空　附著於「芝草、麟鳳龜鶴」精靈成魔

又善男子，受陰虛妙，不遭邪慮，圓定發明，三摩地中，心愛入滅，妍究化性，貪求深空。爾時天魔候得其便，飛精附人，口說經法，其人終不覺知魔著，亦言自得無上涅槃，來彼求空善男子處，敷座說法。於大眾內，其形忽空，眾無所見，還從虛空，突然而出，存沒自在，或現其身，洞如瑠璃，或垂手足，作旃檀氣，或大小便，如厚石蜜，誹毀戒律，輕賤出家。口中常說無因無果，一死永滅，無復後身，及諸凡聖，雖得空寂，潛行貪欲，受其欲者，亦得「空心」，撥無因果，此名「日月薄蝕精氣金玉芝草麟鳳龜鶴」，經千萬年，不死爲靈，出生國土，年老成魔，惱亂是人。厭足心生，去彼人體；弟子與師多陷王難。汝當先覺，不入輪迴；迷惑不知，墮無間獄。。
－卷九頁 150 下-151 上。

　　這是第九境「貪求深空」，導致附著於『芝草、麟鳳龜鶴』精靈成魔」來擾。內容是說「行者」於其所修的「三摩地」中，忽然心中生起貪愛「入於寂滅的深空」境界，於是更加的去「精研深究」萬物變化的體性(如何能將萬物化「有」歸「無」之性)，貪求「身境俱空，存與沒皆得自在的一種深空」之理。「精進修行」原屬善意，無奈此行者竟於禪定修行中生起「貪求入於寂滅的深空」心，便為「天魔」有機可乘前來擾惱。

　　這個被「芝草麟鳳龜鶴精靈魔所附身者」有幾種特徵：
(1)他的身上具有魔力，能在眾人之中忽然「身隱而滅」(以顯其具有「即有而空」的神力)，眾人皆不見其蹤影，然後又從「虛空」中突然現身而出(以顯其具有「即空而有」的神力)，具有「隱、顯」自如，「存、沒」隨意自在的能力(以顯其具有「真空即妙有、妙有即真空」之神力)。

(2)或顯現自己的身體如同「洞徹清明」般的琉璃。

(3)或是「舉手投足」皆能散發出「檀香」氣味(以顯其具有「香塵自在」的神力)。

(4)或者能令排泄出的「大小便」皆如「甜蜜冰糖」般的香味(以顯其具有「味塵自在、即染而淨」的神力)。

(5)這人自持魔力,便去誹謗佛制的「戒律威儀」,輕視出家比丘,謂出家是為無益的修行。

(6)口中常說一切法皆「無因無果」,一切眾生死後即是「永遠的斷滅」,並沒有什麼業報「後身」及「六凡四聖」十法界之差別,一切皆無。

(7)雖然自己宣稱已證得「空寂」,卻暗中開始從事各種「貪欲」的「婬慾苟且」諸事。

(8)與他共同行婬慾者,也可證得最高的「空性之心」(因為「色即是空;欲是即空;婬即是空」),既證「空性」,就不會有任何的「因果業報」。

　　經文說這種鬼叫做利用「日月」互相「薄蝕」(指日食或月食)時所發出的「精氣」之力,而附著於珍貴的「靈芝草」及「麟、鳳、龜、鶴」上,得彼「精氣」滋養後,即可經千萬年不死,而成為「精靈」,待出生至此世間,再成為「物仙、禽仙、獸仙」……等。這些「精靈鬼」年老了變成為「魔」,受「魔王」的驅使,來惱亂「修定」的人。其實在佛經上記載「日月薄蝕」的現象非常的多,從最早的《長阿含經》中就有了,如經云:「或說地動、彗星、日月薄蝕,或言星蝕」、[152]如《六度集經‧卷五》云:「日月薄蝕,星宿失度,怪異首尾」、[153]又如《大乘本生心地觀經‧卷二》云:「日月薄蝕,星宿變怪」、[154]甚至在《仁王護國般若波羅蜜多經》上,佛更詳細的說日月發生變化的現象,有:「一者,日月失度。日色改變--白色、赤色、黃色、黑色,或二三四五日並照。月色改變--赤色、黃色;日月薄蝕,

---

[152] 參《長阿含經‧卷十三》,詳《大正藏》第一冊頁 84 下。

[153] 參《六度集經‧卷五》,詳《大正藏》第三冊頁 31 中。

[154] 參《大乘本生心地觀經‧卷二》,詳《大正藏》第三冊頁 297 下。

或有重輪--一二三四五重輪現……」等，[155]當天空的日月發生這些變化時，總是有一些「特殊的精氣」會趁機附身到「靈芝草」及「麟、鳳、龜、鶴」上，進而成為一種「精靈鬼」，最終在世間上興風作浪、破壞修道的人。

（十）貪求永歲　他化自在天魔

又善男子，受陰虛妙，不遭邪慮，圓定發明，三摩地中，心愛長壽，辛苦研幾，貪求永歲，棄「分段生」，頓希「變易」，細想常住。爾時天魔候得其便，飛精，附人口說經法，其人竟不覺知魔著，亦言自得無上涅槃，來彼求生善男子處，敷座說法。好言他方往還無滯，或經萬里瞬息再來，皆於彼方取得其物，或於一處在一宅中，數步之間，令其從東詣至西壁，是人急行，累年不到，因此心信，疑「佛」現前。口中常說：十方眾生皆是吾子，我生諸佛、我出世界、我是元佛，出生自然，不因修得。此名住世「自在天魔」，使其眷屬，如「遮文茶」及「四天王毘舍童子」，未發心者，利其虛明，食彼「精氣」，或不因師；其修行人「親自觀見」，稱「執金剛」，與汝「長命」，現「美女身」，盛行貪欲，未逾年歲，肝腦枯竭，口兼獨言，聽若妖魅，前人未詳多陷王難，未及遇刑，先已乾死，惱亂彼人，以至殂殞。汝當先覺，不入輪迴；迷惑不知，墮無間獄－卷九頁151上。

本境是「想陰魔」最後一境，主角是「自在天魔」，亦名為「他化自在天子魔」(deva-putra-māra)，它是屬於欲界第六天的魔王及其眷屬，他的心性屬於憎嫉修道者，會對修道人作出種種的擾亂，防礙眾生，令人無法成就「出世間」的善根，故此魔又名為「天魔、天子魔」。據《長阿含經》

的「閻浮提州品」中說：於「他化自在天、梵加夷天」中間，有「摩天宮」，縱廣六千由旬」，[156]亦即「摩天宮」(魔天宮)是處在「他化自在天」與「色界」初禪「梵迦夷天」(Brahman-kāyika-deva)之間，[157]這個「梵迦夷天」有時又另譯作「梵身天、梵眾天」，但「梵眾天」的梵名是 Brahma-pārisadya-deva，與「梵迦夷天」的梵文 Brahman-kāyika-deva 是不同的。前文已曾舉過《瑜伽師地論》的說法，就是：「他化自在天」復有「摩羅」天宮，即「他化自在天」攝，[158]亦有說「他化自在天」距離地面約有「一百二十八萬由旬」的虛空密雲之上，[159]如《楞嚴經文句・卷八》云：「他化自在」，離此間地，去「一百二十八萬由旬」，有地如雲，於上安住。身長四百五十丈，以人間「一千六百年」為一晝夜，壽「一萬六千歲」。[160]而《大智度論・卷五》將魔王分成四種，其中第四種就是「他化自在天魔」，如云：「魔有四種……四者：他化自在天子魔」。[161]

「他化自在天魔」是「欲界」最高段的一個魔王，《楞嚴經》此段經文的大意是說「行者」於其所修的「三摩地」中，忽然心中生起貪愛「長壽不死」境界，於是更加「辛勤勞苦」的去「窮研精微」長壽之理，貪求「永世之歲壽」，而極欲摒棄「三界內有形的分段生死」，立刻希望獲得「三界外無形的變易生死」，且欲此「微細的壽命之相」作為「永恆常住」的壽命。「精進修行」原屬善意，無奈此行者竟於禪定修行中生起「貪求長壽不死」心，便為「天魔」有機可乘前來擾惱。

---

[156] 參《長阿含經・卷十八》，詳《大正藏》第一冊頁 115 上。

[157] 如明・蕅益 智旭《楞嚴經文句・卷八》亦云：「他化自在」……魔王宮殿亦在此天，或云在「欲、色」二界中間，別有魔宮也。詳《卍續藏》第十三冊頁 356 中。

[158] 參《瑜伽師地論・卷四》，詳《大正藏》第三十冊頁 294 下。

[159] 參唐・栖復《法華經玄贊要集・卷二十六》，詳《卍續藏》第三十四冊頁 727 上。

[160] 參明・蕅益 智旭《楞嚴經文句・卷八》，詳《卍續藏》第十三冊頁 356 中。

[161] 詳《大正藏》第二十五冊頁 99 中。

這個被「他化自在天魔所附身者」有幾種特徵：

(1)他的身上具有魔力，喜歡說自己就算處在萬里之遙的「他方世界」，也能無遮無障的隨意來往。

(2)或者就算遊走經過「萬里遠」之外，也能在瞬息之間「回來」。也可從萬里之遠的彼方取得「可徵信之物」回來(此為顯其有「行遠若近」的神力)。

(3)或處在某處的一個住宅中，在只有「數步之大」的短距離空間裡，可令一個人從東壁走到西壁，那人就算「急行」多少年都走不到(此為顯其有「令近若遠」的神力)。於是所有「聽他講法的大眾」對他「心生敬信」，甚至懷疑是「真佛」已現在面前。《楞嚴經指掌疏》曾舉例說：「余聞道教中人，以薛道光，修性不修命，但能出陰神，不能遠方取物。張紫陽，性命雙修，兼能出陽神能遠方取物。由此觀之，縱能遠方取物，仍不出天魔伎倆。又豈能與《法華》普現色身三昧，及本經圓通勝用，校其優劣，論其淺深也哉？」[162]

(4)這人口中又常說「十方的眾生」都是我的子孫，諸佛都是由我生的，我是生出這個世間的佛。我是第一個最根本的「元始佛」，壽命長久，無人可及。我是「自然而然」的出世及成佛，不必靠任何修行而得的。

(5)這幾類「沒有發心」皈依三寶的「鬼神」，會去利誘「內心雖然清虛明潔但貪求長壽不死的修行者」，去吸食他的「精氣」來滋養其魔軀。在佛教經典中也常說很多「已發心」的鬼神亦可得菩提大法，如《大般涅槃經・卷十九》云：大王！有「曠野鬼」，多害眾生。如來……至「曠野村」為其說法。時「曠野鬼」聞法歡喜……然後便發「阿耨多羅三藐三菩提心」。[163]又如《維摩詰所說經・卷三》云：未來世中，當有善男子、善女人，及「天、龍、鬼神、乾闥婆、羅剎」等，發阿耨多羅三藐三菩提心，樂于大法。[164]

---

[162] 詳《卍續藏》第二十四冊頁 777 上。

[163] 參《大般涅槃經・卷十九》，詳《大正藏》第十二冊頁 479 中。

[164] 參《維摩詰所說經・卷三》，詳《大正藏》第十四冊頁 557 上。

(6)此時或已不需「另一位被魔附身的師父」(想陰十魔的最後一位「他化自在天魔」已可以直接化現各種身形，不必再「附身」於他人)，這位「貪求長壽不死的修行者」已可親自見到「魔王」的現身，「魔王」將宣稱持有「堅固不壞」如金剛的長生不死之術(或說魔王自稱為「執金剛大菩薩」)，可令你長壽不死。

(7)「魔王」也可直接變現為「美女身」，並與此行者修習「婬樂縱慾」的雙身大法，未及一年半載，「魔王」便吸盡此行者的精氣，使他的肝腦枯乾，精血消竭了。此現象亦同於《雜阿含經‧卷三十九》中所載的：

時「三魔女」自相謂言：「士夫」有種種「隨形愛欲」，今當各各變化，作百種「童女色」、作百種「初嫁色」、作百種「未產色」、作百種「已產色」、作百種「中年色」、作百種「宿年色」，作此種種形類，詣「沙門瞿曇」所，作是言：今悉「歸」尊足下，供給「使令」。[165]

(8)這些「魔王」還常會對你「獨言傳法」(其實是與魔在對話)，聽來盡是些「妖魅惑眾」之言，被魔所迷惑的這些人根本不能分辨這些「妖言」而信服他。一旦「魔王」離體而去，這些人最終多遭「國家王法」的「刑罰災難」懲罰。

(9)甚至在還沒有遭到國家王法的「刑罰災難」之前，此行者便已「精血耗盡」而「乾委枯死」。「魔王」如此的惱亂，最終至使此人早早夭殂命殞。

　　以上經文所說的「魔力」，確實是不可思議，此境亦似於《華嚴經》十玄門中的「廣狹自在門」，行走出入無礙，實在令人難以判斷是佛亦是魔？筆者以為：雖是「魔力」使然，但其言行仍不出「邪法」範圍，因下面經文繼續說這是住於世間(住持世界)的欲界「他化自在天魔」，敕使其眷屬弟子，如「遮文茶」(使役鬼)及由「四天王」所管轄的「毗舍遮童子」(噉精氣鬼)等等(以上兩類鬼，如果能發心皈依三寶，便當作佛教的護法神。如果沒發心皈依三寶者，就成為害人鬼，受魔王的驅使，專門來擾亂修行人)所使然。

---

[165] 參《雜阿含經‧卷三十九》，詳《大正藏》第二冊頁287上。

「遮文茶」(Cāmuṇḍā)為密教「焰摩天」之眷屬，居「七母天」之首，又稱「左悶拏、者門拏、遮悶拏、嫉妒女、怒神」，列於「胎藏界」曼荼羅之外「金剛部」院的西方。「遮文茶」形像為：豬頭(赤黑色)人身(赤色)，不著衣，戴寶冠，右手仰持器皿，左手握拳置於腰，面向左方。[166]另據《大日經疏演奧鈔·卷五》載：「遮文茶」攝於「夜叉」趣，能以咒術害人，世人亦有行此法者。[167]至於《法華經·陀羅尼品》謂「吉遮」即「遮文茶」，[168]然「吉遮」之梵名為 Kṛtyā，屬於「起屍鬼」的一種，這與「遮文茶」應該是不同類的鬼神。

「毗舍童子鬼」即「毘舍遮」，梵名 Piśāca，又作「畢舍遮鬼、臂奢柘鬼」，意譯「食血肉鬼、噉人精氣鬼、癲狂鬼、吸血鬼」。此鬼原為印度古代神話中之魔鬼，其腹如滄海，咽喉如針，常與「阿修羅、羅剎」相提並論，據《一切經音義》所說：「畢舍遮，舊經中名『毗舍闍』，亦言『臂舍柘鬼』名也。餓鬼中勝者也。」[169]又說「畢舍遮鬼，唐言『食血肉鬼』，『羅剎』之類也。」[170]又據《楞嚴經寶鏡疏》載：「遮文茶，此云嫉妒女，亦翻怒神，多妒恚，為魔女故。毘舍童子即毗舍闍鬼，或名毗舍遮，此云噉精氣，謂能噉人，及五穀精氣故。」[171]「遮文茶、毘舍遮」這兩位是為「欲界他化自在天魔」的眷屬；是一種「未發善心」的惡鬼神，專食人類的精氣，可以直讓修行人親自看見魔王的「現身」，「魔王」會口稱持有「金剛堅固之術」，可以使人長命，或者「魔王」直接現出「美女身」與他盛行婬事。不過與「美女魔王」行婬的話，未踰一年半載，即會使人「肝腦枯竭」，

---

[166] 詳《佛光大辭典》頁 189。

[167] 詳《大正藏》第五十九冊頁 44 下。

[168] 此說出自《佛光大辭典》頁 6189。

[169] 參唐·慧琳《一切經音義·卷七十》，詳《大正藏》第五十四冊頁 763 上。

[170] 參唐·慧琳《一切經音義·卷十八》，詳《大正藏》第五十四冊頁 417 下。

[171] 詳《卍續藏》第二十四冊頁 777 下。

還不到國家王法的法律製裁，大概就已經先乾死了。

　　《楞嚴經》上說「想陰」若能滅盡的話，便可超越「身內」的「煩惱濁」而獲得出離解脫，[172]故此時的「他化自在天魔」更須乘此而快快的「親自現身」，現出「美女身」才能破壞這位修道人，故明末‧蕅益 智旭大師便曾對此「想陰第十魔」而嘆曰：**魔心若此，亦太毒矣**！[173]因魔王恐人出離「欲界」，故必以「婬事」為誘，乃至無所不用其極，故太虛大師的《楞嚴經研究》亦謂：**蓋魔之勢力在婬慾，已越欲界，故魔無力**。[174]所以「想陰第十魔」必現出「美女」而魔之，其實這個魔王背後的目的仍是要去利誘「內心雖然清虛明潔但貪求長壽不死的修行者」，去吸食他的「精氣」來滋養其魔軀。所以筆者的結論是：不論其行者有多大的「神通」力，如果有發生「誘貪誨婬」及「奇異怪誕」的事，那都是「邪魔」的境界，絕對不可跟之去學，以免墮入魔王的圈套，而永入無間地獄！

（十一）小結

　　「想陰」之十種禪境魔事，與前面經文所說的「色陰十境、受陰十境」，大致上來說有三點不同。如下所云：

(1)前二魔事陰境皆曰「忽然如何如何」，故可知皆由「定」而發。「想陰」文則曰「心愛如何如何」，可知皆由「動」而發。

(2)前二魔事皆由「定中冥然」，無外形侵入。此「想陰」則都由「鬼魔」附人而為說法，進而成為各種誘惑罪行。

(3)前二魔事各成「同氣相感」，故不必皆誘行「淫欲」。此「想陰十魔」則由

---

[172] 參《楞嚴經‧卷九》云：「想陰盡，是人則能超煩惱濁」，詳《大正藏》第十九冊頁 149 中。

[173] 詳《卍續藏》第二十冊頁 737 上。

[174] 詳太虛大師《楞嚴經研究》頁 423。台北文殊出版社。1987、11。

「欲界天魔」主使，故皆誘行「淫欲」，這是因為修行者的功力已深，
非「婬欲」不能使入墮入魔道之故。

明‧交光 真鑑大師在《楞嚴經正脈疏‧卷六》曾云：「婬欲無礙，
即魔王親來，速當驚避矣，廣如陰魔中辯」。[175]此語足以說明「五十陰魔」
的要害仍不出離「婬欲」。下面就五十陰境有關「婬欲」一事，略舉如下：

(1)受陰中的「空魔」─「飲酒噉肉，廣行婬穢」。

「欲魔」─「一向說欲為菩提道，化諸白衣，平等行欲，其行
婬者名持法子」。

(2)想陰中的「怪鬼」─「破佛律儀，潛行貪欲」。

「魃鬼」─「婬逸其心，破佛律儀，潛行貪欲」。

「魅鬼」─「破佛律儀，潛行貪欲」。

「蠱毒鬼」─「破佛律儀，潛行貪欲」。

「癘鬼」─「破佛律儀，潛行貪欲」。

「鬼神魔」─「或有宣婬，破佛戒律，與承事者，潛行五欲」。

「精魅魔」─「讚歎行婬，不毀麤行。將諸猥媟，以為傳法」。

「氣靈魔」─「雖得空寂，潛行貪欲。受其欲者，亦得空心，
撥無因果」。

「住世天魔」─「食彼精氣，或不因師，其修行人親自觀見，
稱執金剛與汝長命。現美女身，盛行貪欲，
未踰年歲，肝腦枯竭」。

(3)識陰中云：「又善男子窮諸行空，已滅生滅，而於寂滅精妙未圓。觀命
互通，卻留塵勞，恐其銷盡。便於此際，坐蓮華宮，廣化七珍，多

---

[175] 詳《卍續藏》第十八冊頁 686 下。

增「寶媛」，縱恣其心。生勝解者，是人則墮真無真執，吒枳迦羅，
成其伴侶，迷佛菩提，亡失知見。是名第八發邪思因，立熾塵果，
違遠圓通，背涅槃城，生天魔種。」[176]這是說修行人雖已窮盡「行陰」
而至於「空」的境界，雖已滅盡「行陰」末那識的遷流生滅之相，但
對於「識陰」精微奧妙的「寂滅」境界仍未達到圓滿的程度，仍為「識
陰」所覆蓋住他的「真心」。此時的行者觀察到一切有情眾生的「生命
元由」都是以「識陰阿賴耶」為主，大家同一體性，可互相通達。因
此時的「行者」已經知道一切世間的「塵勞煩惱」，最終皆與「識陰」
有關，「塵勞煩惱」在、「識陰之命」就在；「塵勞煩惱」亡、「識陰之命」
亦亡。此時行者便生出妄想，忽然「退心」而欲留住世間的塵勞諸事，
恐怕這些「塵勞」會銷滅怠盡，「識陰之命」亦隨著斷絕，無所依托。
於是便於此際，以「神通力」(行者之「行陰」滅盡，「識陰」已現，一切皆能圓融變化，
隨心所欲，能現神力)變現出一幢莊嚴華麗的蓮花宮殿，坐於其中，廣泛變
化出七寶之珍，多多地增加「七寶奇珍」和「妖豔美女」，從此就「放
縱恣情」於五欲的享樂，以為這是最終之「真常妙樂」境界，妄生此
為最殊勝的見解。經文言「多增寶媛」，就是多增美麗的女人，縱意
恣情，窮奢極其「慾事」，以免辜負大好人生，進而更以此作為「超
勝」之解。殊不知此已墮入「真無真執」的陷阱，「識陰」非真，以妄
為真，故名為「真無真執」，此後即與「吒枳迦羅」(ṭakki 愛染。kara 能
作➜能作愛染的欲界天魔)天魔為其伴侶，迷惑菩提正覺的佛性，亡失了
正知正見。此正所謂修禪者，若不斷「婬心」，必仍墮於「魔種」，就
算修到「識陰第八」之「已滅生滅，而於寂滅精妙未圓」境，仍是「背
涅槃城」，且還會「生天魔種」，吾人可不懼哉！

由以上三點可證知，《楞嚴經》的五十陰境皆以「婬愛」為主導，乃

---

[176] 參《楞嚴經・卷十》，詳《大正藏》第十九冊頁 154 上。

至「識陰」將盡,,「多增寶媛,縱恣其心」,仍是「婬根魔種」。太虛大師曾說:「剋實論之,唯佛一人號究竟持戒者,故永斷婬愛者,亦唯是佛,生一念法愛者,皆婬愛也……無邊功德,皆眞戒相,無上菩提,唯眞戒體,故成佛度生,盡未來際,除持淨戒斷婬愛外,更無餘事」![177]故《楞嚴經》到卷九亦一再重覆云:「汝勗修行,欲得菩提,要除三惑。不盡三惑,縱得神通,皆是世間有爲功用。習氣不滅,落於魔道」,[178]這「三惑」就是「殺盜婬」三業,如果不斷除「殺盜婬」的習氣(尤其是婬習),則縱然修得「神通」力,依舊會墮入到魔道去的,可不戒哉!

在這十種「想陰魔境」中,有些魔的神通大到「不可思議」,幾乎是很難斷定它究竟是佛是魔?筆者以爲:《華嚴經》云:「心、佛及眾生,是三無差別」。[179]故「眾生界」不可思議,「佛界」亦不可思議,當然「魔界」亦不可思議;「眾生界」無有窮盡,「佛界」亦無有窮盡,「魔界」亦無有窮盡。所以經上只說「五十種」魔,其實眾生心有多少,魔王就有多少,這就如同《華嚴經》上所說的:「若人欲了知,三世一切佛,應觀法界性,一切唯心造」。[180]

《楞嚴經·卷九》云:「成就破亂,由汝心中五陰主人。主人若迷,客得其便」。[181]《卷十》又云:「五陰本因,同是妄想」。[182]五陰魔只是吾人心中「五陰」的妄想顯現,亦即吾人「六根」如果對「塵相」生出貪著之相,則一刹那就會被此「魔王」所得便而侵入。如《雜阿含經·卷九》曾記載佛著衣持鉢,入城乞食,被一御牛車人所惱之事,而佛當下慧眼視

[177] 太虛大師《楞嚴經研究》頁141。台北文殊出版社。1987、11。
[178] 參《楞嚴經·卷九》,詳《大正藏》第十九冊頁147上。
[179] 參《華嚴經·卷十》,詳《大正藏》第九冊頁465下。
[180] 參《華嚴經·卷九》,詳《大正藏》第十冊頁102上。
[181] 參《楞嚴經·卷九》,詳《大正藏》第十九冊頁147中。
[182] 參《楞嚴經·卷十》,詳《大正藏》第十九冊頁154下。

之彼是魔所化，經云：「魔作是念。沙門瞿曇知我是魔。而白佛言：瞿曇，眼觸入處，是我所乘，耳鼻舌身意觸入處，是我所乘。復問瞿曇：欲何所之？佛告惡魔：汝有眼觸入處，耳鼻舌身意觸入處，若彼無眼觸入處，無耳鼻舌身意觸入處，汝所不到，我往到彼」。[183]如果能對「六根、六觸、六塵」不取不著，則當下就是涅槃。魔之所以為魔就是牠們仍將「五陰、六入、十二處、十八界」視為「真實可得」的東西，《楞嚴經》上說「五陰、六入、十二處、十八界」，無一不是「隨眾生心，應所知量」，[184]無一不是「當處出生，隨處滅盡」、[185]無一不是「性淨明體、妙真如性」，[186]當下若能識得其「根、塵、識」之「幻」，則「五十陰魔」是不攻自破的，這是修道人不可忽略的地方。

最後附上《楞嚴經寶鏡疏》中對十種「想陰魔境」的總結，云：

此十種，皆由圓定心中，妄起貪求之念，以故然耳。若是如法精進，一念不生，如幻修證，則何善巧之不得？何法界之不歷？何機理之不契？何根本之不析？何感應之不成？何靜謐之不入？何宿命之不知？何神通之不具？何深空之不證？何常住之不獲？而乃忽生心愛著意貪求。譬如鱗角未成輒思飛躍，羽毛不足便擬扶搖。所謂學未優而求仕，丹未成而先吞，其可乎哉？故知招魔成墮者，皆自心妄想之過也」。[187]

---

[183] 參《雜阿含經・卷九》，詳《大正藏》第二冊頁 59 上。此文亦見於《摩訶止觀輔行傳弘決・卷八之三》，詳《大正藏》第四十六冊頁 408 上-中。經文言出自《婆沙》第九，但查《大正藏》之《大毗婆沙論》(二十七冊)及《婆沙論》(二十八冊)……等卻無此文，後查《雜阿含經・卷九》始得此文。願後人引此文能正確無誤！

[184] 詳《大正藏》第十九冊頁 117 下。

[185] 詳《大正藏》第十九冊頁 114 上。

[186] 分別見《大正藏》第十九冊頁 106 下和 114 上。

[187] 詳《卍續藏》第九〇冊頁 906 上。此文亦見於蕅益 智旭大師《楞嚴經文句》，詳於《卍續藏》第二十冊頁 731 下-732 上。

從上文可知，招魔成墮與否，仍不離吾人現前之「妄念」也。

四、治魔之道

(一)嚴持四戒

這四戒就是《楞嚴經・卷六》上說的「四種清淨明誨」，即「婬、殺、盜、妄」。佛陀在《楞嚴經》明白告訴大眾，若要遠諸「魔事」，必須要先執持「四種淨戒」，經文的前題是這樣問的：「此諸眾生，去佛漸遠。邪師說法，如恆河沙。欲攝其心入三摩地，云何令其安立道場？遠諸魔事。」[188]佛即告訴阿難說：「汝常聞我毗奈耶中，宣說修行三決定義。所謂攝心為戒、因戒生定、因定發慧。是則名為三無漏學。」[189]之後佛即開示說什麼是「攝心為戒」？首先即以「戒婬」為第一個「攝心為戒」，經云：

> 云何攝心，我名為戒？若諸世界六道眾生，其心不婬，則不隨其生死相續。汝修三昧，本出塵勞。婬心不除，塵不可出。縱有多智，禪定現前。如不斷婬，必落魔道。上品魔王、中品魔民、下品魔女、彼等諸魔，亦有徒眾。各各自謂成無上道。我滅度後末法之中，多此魔民，熾盛世間，廣行貪婬，為善知識，令諸眾生落愛見坑失菩提路。汝教世人修三摩地，先斷「心婬」，是名如來先佛世尊，第一決定清淨明誨。——卷六頁131下。

除了《卷六》勸「戒婬文」外，另在《卷八》的「三種增進修行漸次」中的第一種「修習：除其助因」，即倡言「斷五辛」，因「食五辛」會增長「婬慾」，將來會與「鬼神魔業」為伍，如經云：「是五種辛，熟食發婬，生啖

---

[188] 參《楞嚴經・卷六》，詳《大正藏》第十九冊頁131下。
[189] 參《楞嚴經・卷六》，詳《大正藏》第十九冊頁131下。

增恚。」[190]而第二種「眞修：刳其正性」亦教人「嚴持清淨戒律，永斷婬心……觀婬慾如毒蛇。」[191]第三種「增進：違其現業」，亦教人須「清淨持禁戒人，心無貪婬，於外六塵不多流逸。」[192]這是十方如來教導眾生的第一決定清淨明誨。

第二決定清淨明誨是「戒殺」，除了戒殺生外，還有「不食肉」之戒文，經文云：

> 又諸世界六道眾生，其心不殺，則不隨其生死相續。汝修三昧，本出塵勞。殺心不除，塵不可出。縱有多智，禪定現前。如不斷殺，必落神道。上品之人，爲大力鬼。中品則爲飛行夜叉諸鬼帥等。下品當爲地行羅刹。彼諸鬼神亦有徒眾。各各自謂成無上道。我滅度後末法之中，多此鬼神，熾盛世間，自言食肉得菩提路……汝等當知，是食肉人，縱得心開似三摩地，皆大羅刹，報終必沈生死苦海，非佛弟子。如是之人，相殺相吞，相食未已，云何是人得出三界……斷殺生，是名如來先佛世尊，第二決定清淨明誨。——卷六頁132上。

其實在「三種增進修行漸次」中的第二個「眞修：刳其正性」就已經教人要「不餐酒肉」了，[193]甚至連「五辛」亦是禁戒在內，如經云：「食辛之人，縱能宣説十二部經。十方天仙，嫌其臭穢，咸皆遠離。諸餓鬼等，因彼食次，舐其唇吻。常與鬼住，福德日銷，長無利益。是食辛人修三摩地，菩薩天仙，十方善神，不來守護。大力魔王得其方便，現作佛身，

---

[190] 參《楞嚴經・卷八》，詳《大正藏》第十九冊頁141下。
[191] 參《楞嚴經・卷八》，詳《大正藏》第十九冊頁141下。
[192] 參《楞嚴經・卷八》，詳《大正藏》第十九冊頁141下—142上。
[193] 參《楞嚴經・卷八》，詳《大正藏》第十九冊頁141下。

來爲説法，非毀禁戒，讚婬怒癡。命終自爲魔王眷屬，受魔福盡，墮無間獄。」[194]

第三決定清淨明誨是「戒偷盜」，除了戒偷盜外，還說明末法時有多種自稱「善知識」的一些邪魔外道。經文云：

> 又復世界六道眾生，其心不偷，則不隨其生死相續。汝修三昧，本出塵勞。偷心不除，塵不可出。縱有多智，禪定現前。如不斷偷，必落邪道。上品精靈、中品妖魅、下品邪人，諸魅所著。彼等群邪亦有徒眾。各各自謂成無上道。我滅度後末法之中，多此妖邪，熾盛世間，潛匿姦欺，稱善知識。各自謂已得上人法。誘惑無識，恐令失心……云何賊人假我衣服，裨販如來，造種種業，皆言佛法，卻非出家具戒比丘，爲小乘道。由是疑誤無量眾生，墮無間獄……斷偷盜，是名如來先佛世尊，第三決定清淨明誨。—卷六頁132中。

第四決定清淨明誨是「戒妄語」，就算真是「佛菩薩再來」也必不輕易洩漏自己的身世，除非是臨終時另有所遺託之言，[195]否則自謂是「已證果、已開悟」者，都是自欺欺人的大妄語者。經文明言：

> 若大妄語，即三摩地不得清淨，成愛見魔，失如來種。所謂未得謂得，未證言證。或求世間尊勝第一。謂前人言，我今已得須陀洹果，斯陀含果，阿那含果，阿羅漢道，辟支佛乘，十地地前諸位菩薩。求彼禮懺，貪其供養。是一顛迦，銷滅佛種。如人以刀斷多羅木。

---

[194] 參《楞嚴經·卷八》，詳《大正藏》第十九冊頁141下。

[195] 如北魏的玄高（402～444）大師。北魏太武帝毀佛法，忌師名盛，於太平真君五年九月縊殺之。亡後沙門法達頂禮求哀願見，後高大師飛空而至，示曰：吾願生惡世，救護眾生。後高師諸弟子咸云是—得忍菩薩。詳《高僧傳·卷十一》，《大正藏》第五十冊頁397上—398中。

佛記是人永殞善根，無復知見……我滅度後，敕諸菩薩及阿羅漢，
應身生彼末法之中，作種種形，度諸輪轉。或作沙門白衣居士，人
王宰官，童男童女，如是乃至婬女寡婦，奸偷屠販，與其同事，稱
讚佛乘，令其身心入三摩地。終不自言我真菩薩，真阿羅漢，泄佛
密因，輕言末學。唯除命終，陰有遺付。云何是人惑亂眾生，成大
妄語……斷除諸大妄語，是名如來先佛世尊，第四決定清淨明
誨……如我所說，名為佛說。不如此說，即波旬說。——卷六頁 132
中—132 下。

有人曾以為這四戒全同「小乘戒」，[196] 其實這是誤解了，因為經文一
再的說「婬心、殺心、盜心、妄心」，全都是指向「心戒」，這絕對符合大
乘的「身、心」皆嚴持的戒律觀，又這四戒不論是大、小乘都一律嚴持，
沒有例外的，何能說《楞嚴經》的四戒只是「小乘戒」而已？

佛說只要能嚴持、能堅持《楞嚴經》的「四種清淨明誨」，如是是魔？
是佛？必可詳辨清楚，這也是世尊教導眾生「遠離群魔」的最佳指導方針。

（二）持誦神咒

在《摩訶止觀・卷八》上云：「若鬼魔二病，此須深觀行力，及『大
神咒』乃得差耳。」[197] 而智顗的《修習止觀坐禪法要・覺知魔事》則云：
「若諸魔境惱亂行人、或經年月不去，但當端心正念堅故，不惜身命，
莫懷憂懼。當誦大乘方等諸經『治魔咒』，默念誦之，存念三寶。若出禪
定，亦當『誦咒』自防，懺悔慚愧、及誦『波羅提木叉』(戒本)。邪不干正，

---

[196] 如呂澂謂「安立道場，先說四戒，全同小乘」。見愍生《辨破楞嚴百偽》頁 60。1991
年。

[197] 詳《大正藏》第四十六冊頁 108 上。

久久自滅。」[198]這都是倡導誦念「神咒」來治魔的經文。

　　近代圓寂不久的高僧宣化大師言：「佛說《楞嚴經》，其因緣爲<u>阿難</u>被<u>摩登伽女</u>，用<u>先梵天咒</u>所迷，婬躬撫摩，將毀戒體，佛敕文殊持咒往護，攝阿難還，故知『楞嚴咒』乃《楞嚴經》之主體，若無『楞嚴咒』，則不應有《楞嚴經》。」[199]大師之說，直把「楞嚴咒」視爲一部《楞嚴經》之主體，這是有根據的，因爲《楞嚴經》的「緣起」的確是由<u>摩登伽女</u>用「先梵天咒術」惑住<u>阿難</u>，在即將婬犯阿難時，導致佛派<u>文殊菩薩</u>持「楞嚴咒」前往救護，待「提獎歸來」來才開始宣講《楞嚴經》之理，如卷一經文云：「于時，世尊頂放百寶無畏光明，光中出生千葉寶蓮，有佛化身結跏趺坐，宣說神呪，勅文殊師利將呪往護，惡呪銷滅。」[200]佛在卷一是用「化佛」來宣說「楞嚴咒」，屬於「密說」，這種「密說」只有佛與佛才能證知，如《大佛頂如來放光悉怛多般怛羅大神力都攝一切咒王陀羅尼經大威德最勝金輪三昧咒品》即云：「我有佛神咒，名曰：佛頂如來放光摩訶悉怛多般多羅攝一切咒王最勝金輪帝殊羅金剛大道場陀羅尼，極大尊重，爲利益一切眾生，更無有上，唯佛與佛共相傳說，汝等應當一心受持，生希有想。」[201]說完後即遣<u>文殊</u>菩薩往救，但這個咒的「內容」一直到《楞嚴經》卷七，佛才「正式」向大眾宣說，經云：「雖蒙如來佛頂神咒，冥獲其力，尚未親聞。」[202]在「卷七」中說了神咒後，一直到「卷十」都不離讚嘆「楞嚴咒」之功德與勸修之事。

　　縱觀《楞嚴經》前後，不只「楞嚴咒」是《楞嚴經》之主體，亦是佛一再強調作爲「斷婬、除魔、證道」之法，如《楞嚴經》卷四末云：「何

---

[198] 詳《大正藏》第四十六冊頁 471 上。

[199] 見《楞嚴咒疏》一書之「序文」。台北大乘講堂印。81、9。

[200] 參《楞嚴經·卷一》，詳《大正藏》第十九冊頁 106 下。

[201] 詳《大正藏》第十九冊頁 181 下。

[202] 參《楞嚴經·卷七》，詳《大正藏》第十九冊頁 133 下。

須待我佛頂神咒，摩登伽心婬火頓歇，得阿那含……如摩登伽宿爲婬女，由神咒力銷其愛欲，法中今名性比丘尼。」[203]摩登伽之女缽吉提(prakṛti)初聞「楞嚴咒」就得阿那含果是很明確的。卷七初世尊又云：「彼尚婬女，無心修行，神力冥資，速證無學。」[204]指的是由「楞嚴咒」的「神力」威德使缽吉提捨離婬愛而得「三果」，而經文所說的「我一宣揚，愛心永脫，成阿羅漢」，[205]即指缽吉提最終是聽聞文殊菩薩講完「評選二十五聖圓通法門」的偈頌後，更進一步而證成「四果」的「無學」阿羅漢位。

太虛大師於《楞嚴經研究》云：「本經始終唯是持佛頂咒永脫魔邪障」，[206]其實《楞嚴經》經題就是「大方廣妙蓮華王十方佛母陀羅尼咒；亦名灌頂章句諸菩薩萬行首楞嚴。」[207]就已經將「楞嚴咒」的名稱含在其中，到卷七則重覆說咒內容及功效：「十方如來，傳此咒心，於滅度後付佛法事，究竟住持，嚴淨戒律，悉得清淨。」[208]一直到卷十云：「若有眾生，能誦此經，能持此咒，如我廣說，窮劫不盡。依我教言，如教行道，直成菩提，無復魔業」、[209]「一心勸令持我佛頂陀羅尼咒。若未能誦，寫於禪堂，或帶身上，一切諸魔，所不能動。汝當恭欽十方如來，究竟修進最後垂範。」[210]經文一再重覆「楞嚴咒」乃是釋迦如來「究竟修進最後垂範、究竟住持」，足證《楞嚴經》從頭到尾如太虛大師所說的：「始終唯是持佛頂咒永脫魔邪障」。

---

[203] 參《楞嚴經・卷四》，詳《大正藏》第十九冊頁 122 上。
[204] 參《楞嚴經・卷七》，詳《大正藏》第十九冊頁 133 上。
[205] 參《楞嚴經・卷七》，詳《大正藏》第十九冊頁 133 上。
[206] 太虛大師對《楞嚴經》整理了「十門」，即「十意」之說，其中第八門即是此門。見太虛大師《楞嚴經研究》頁 141。台北文殊出版社。1987、11。
[207] 參《楞嚴經・卷八》，詳《大正藏》第十九冊頁 143 上。
[208] 參《楞嚴經・卷七》，詳《大正藏》第十九冊頁 137 上。
[209] 參《楞嚴經・卷七》，詳《大正藏》第十九冊頁 155 上。
[210] 參《楞嚴經・卷七》，詳《大正藏》第十九冊頁 154 中。

除了經上的力勸與讚歎外，明・憨山 德清大師亦盛讚「楞嚴咒」說：「現行易制，宿習難除，是須誦我無上佛頂心咒，此則顯密雙修，三慧並運，庶幾三障可破，三惑可除，而三界可超，三身可證矣，況此神咒功力速疾冥資，但能依教加持，破惑如霜遇日……妙圓之行，誠在斯矣，歸眞之要，妙在茲乎！是故宣揚神咒使眾咸聞，廣顯功能，策令諦信，方盡修道之門，統收妙圓之行耳。」[211]明・紫柏大師亦讚云：「深思婦人婬業重，堅固難拔等須彌。須彌可傾婬難斷……皆先戒殺後婬欲。先婬後殺惟《楞嚴》，是故報母應仗此。南無無上『楞嚴咒』，消母婬業如天風。」[212]甚至淨土第十三代印光大師仍舊非常的重視「楞嚴咒」，如云：「閉關，專修淨業，當以念佛爲正行。早課仍照常念『楞嚴、大悲』十小咒。如『楞嚴咒』不熟，不妨日日看本子念。及至熟極，再背念(詳《印光法師文抄・續編・上冊・復明心師書》)。」另外由印光大師鑒定王博謙居士輯述的《學佛淺說》(民國18年初版)一書，其中的「修行人降魔的方法」內容就清楚的說：「全仗自力，誠恐把握不住，必須仗著佛力幫忙，惟有攝住心神，持誦神咒。無論何種惡魔，遇著即摧成粉碎。諸咒降魔之力，以『楞嚴』爲最勝；當日阿難證『須陀洹』初果地位，尚且仗此脫離婬席。次則『大悲心咒』。」

以上都是經典及歷代祖師勸持「楞嚴咒」來做爲「除婬斷魔業」的修行法門，至於「楞嚴咒」應該要持多少遍才能發揮最大的功效呢？唐・不空譯《一切如來白傘蓋大佛頂陀羅尼》，前面有段由金剛智所作的「啟請」文，[213]裡面明確的說：「念滿一萬八千遍，遍遍入於無想定。」[214]在後面的「大佛頂大陀羅尼迴向法」也清楚的說：「日日持念一七遍，極重煩惱

---

[211] 詳《楞嚴經懸鏡》，《卍續藏》第十九冊頁66上。
[212] 詳《卍續藏經》第一二六冊頁975下。
[213] 詳《阿娑縛抄・卷五十五・大佛頂法》。《大正藏》「圖像部」第四冊頁7上。
[214] 詳《房山石經》第二十七冊頁390上

皆消滅。」所以按照這樣的算數的話，每一天都持誦七遍「楞嚴咒」，則只需花 7.1 年就可完成 1 萬 8 千遍的功課。如底下附圖資料佐證：

出自《大正藏》第五十五（大佛頂卷）的「圖像部」第四冊頁七上

下面是不空大師譯「大佛頂大陀羅尼」前面的【啓請偈誦】原稿影印——出自《房山石經》第二十七冊頁 390 上（中國佛教協會編，華夏出版社，2000 印行）

「大佛頂首楞嚴咒」的「啟請文」

楞嚴咒會譯

出自《房山石經》第二十七冊頁390上

（三）修習止觀

　　以「止觀」之法「治魔」是天台家盛行之法，如《摩訶止觀》云：「八十億眾不能動心名『止』，達魔界即佛界名『觀』，但以四悉，止觀安心，隨魔事起，即以『四句』破之，橫豎單複破悉無滯。」215 又如《修習止觀坐禪法要·覺知魔事八》云：「行者既覺知魔事，即當卻之。卻法有二：

---

215 詳《大正藏》第四十六冊頁 116 中。

一者『修止』卻之。凡見一切外諸諸惡魔境，悉知虛誑，不憂不怖，亦不取不捨，妄計分別，息心寂然，彼當自滅。二者『修觀』卻之。若見如上種種魔境，用止不去，即當反觀能見之心，不見處所，彼何所惱，如是觀時，尋當謝滅。若遲遲不去，但當正心，勿生懼想，不惜軀命，正念不動，知魔界如即佛界如，若魔界如、佛界如，一如無二如，如是了知，則魔界無所捨，佛界無所取，佛法自當前，魔界自然消滅。」[216]在《摩訶止觀》上亦言「若知魔佛皆入實際，則無怖畏，大經云，爲聲聞人説有調魔，爲大乘者不説調魔，一心入理，誰論強輭耶？」[217]佛與魔皆「入實際」，是顯法性無二，佛界與魔界是「一如無二如」，能如此觀的話，則「魔界自然消滅」。《摩訶止觀》又言：「即此魔事，具十界百法，在一念中，一切法趣魔。如一夢法，具一切事。一魔一切魔，一切魔一魔，非一非一切。亦是一魔一切魔，一佛一切佛，不出佛界即是魔界，不二不別。如此觀者，降魔是道場。」[218]筆者以爲：「止觀」雖是降魔之道，但究竟其「境界」仍是偏高，一般初修行者是不易達到的。

　　另外在《首楞嚴三昧經・卷下》曾記載天女得「授記」，當生兜率天上奉事彌勒菩薩，惡魔聞此而生大怖畏，恐其眷屬皆不得自在，是時天女告訴惡魔云：「汝勿大愁，我等今者，不出汝界。所以者何？魔界如即是佛界如，魔界如佛界如，不二不別，我等不離是如。魔界相即是佛界相，魔界法佛界法，不二不別，我等於此法相，不出不過。魔界無有定法可示，佛界亦無定法可示，魔界佛界，不二不別。我等於此法相不出不過，是故當知，一切諸法無有決定，無決定故，無有眷屬，無非眷屬。」[219]從經文上來看，這亦是屬於以修「止觀」方式來卻魔的一種「境界」論。

---

216 詳《大正藏》第四十六冊頁 470 下—471 上。
217 詳《大正藏》第四十六冊頁 115 下。
218 詳《大正藏》第四十六冊頁 116 中。
219 詳《大正藏》第十五冊頁 639 下。

又如《金剛經》云：「法無定法、一切法皆是佛法，皆不可得」，[220]所以佛法「不可得」，魔法亦皆「不可得」。佛界與魔界非但「不可思議」，亦皆「不增不減、不生不滅」，[221]如此「佛魔兩妄」，皆是虛妄。《楞嚴經・卷五》說得好：「言妄顯諸真，妄真同二妄，猶非真非真，云何見所見」？[222]佛魔皆在一念心，無二無別，亦了無可得。

　　《楞嚴經》前「三卷半」是闡述「如來藏性」的「離即離非、是即非即、非因非自」[223]之哲學之理，依天台學家的解經方式來說，多是採用「空、假、中」或「四句推撿」來解說，[224]而這「三觀」亦可用來破除我們對「色相」的執著，《楞嚴經》「前三卷半」中的「五陰、六入、十二處、十八界」各個都是治魔之妙方，尤其是「能見是心非眼」可以破除我們對「色相」上的執著，其餘「色陰本是虛妄、眼入同是菩提、見與色空俱無處所、眼色識界不可得」等，無一都不是令人破除虛妄的色相。「五陰、六入、十二處、十八界」都是「當處出生，隨處滅盡」[225]的「幻妄稱相」罷了，那有真實的男女相、婬慾相、佛魔之相呢？《楞嚴經・卷五》有云：「自心取自心，非幻成幻法」，[226]世間之「色相」都是自心之幻造，都是虛妄不實的，豈有「淨」與「不淨」、「女相」與「男相」、「佛相」與「魔相」之別？故治魔之道亦復如是，一切從「心」而生，亦從「心」而滅。

---

[220] 參《金剛般若波羅蜜經》，詳《大正藏》第八冊頁 751 中。

[221] 如《大方廣佛華嚴經》卷 21〈22 十無盡藏品〉云：「諸佛智慧不增不減、不生不滅、不進不退、不近不遠、無知無捨」。詳《大正藏》第十冊頁 111 中。

[222] 詳《大正藏》第十九冊頁 124 下。

[223] 參《楞嚴經・卷四》，詳《大正藏》第十九冊頁 121 上。

[224] 以《中觀》之「空、假、中」和「四句推撿」方式來解《楞嚴經》之如來藏性是天台家解《楞嚴經》之共同特色。

[225] 參《楞嚴經・卷二》，詳《大正藏》第十九冊頁 114 上。

[226] 參《楞嚴經・卷五》，詳《大正藏》第十九冊頁 124 下。

（四）小結

魔者何也？心者何也？若真實諦觀，則一一不可得。《大智度論・卷三十七》云：「是菩薩行，畢竟不可得，自相空故。於一切法中皆不著，不著故無違錯，無違錯故魔不能得其便。譬如人身不瘡，雖臥毒屑中，毒亦不入。」[227]《金剛經》上說：「若見諸相非相，即見如來」、「凡所有相，皆是虛妄」。[228]這些都是修「空觀」來「治魔」的不二之道。《楞嚴經》上之「七番破妄心」，及「五陰、六入、十二處、十八界」皆「非自然、非因緣」，皆「隨眾生心，應所知量」。《金剛經》上的「過去心、現在心、未來心」皆不可得，故「魔從何來，欲惱何等」？一切都是「唯心」所造，故「治魔之道」亦是無有窮盡、不可思議的。舉凡「經咒治魔、止觀、四句、禪定、禮懺、念佛、六度、修戒定慧」⋯⋯等，無一不是「治魔」之道。《華嚴經・卷十三》上說得好：「世間所見法，但以心爲主，隨解取眾相，顛倒不如實。」[229]眾生「心念」有多少，則「治魔之道」就會有多少，一切都是「隨眾生心，應所知量」。[230]一色一香，無非中道了義；一色一香，亦無不是治魔之道。

五、結論

佛陀為眾生介紹完「想陰十魔」後，接著開示說：

阿難！當知是十種魔於末世時，在我法中「出家修道」，或附「人體」、或自「現形」，皆言「已成正遍知覺」，讚歎婬欲，破佛律儀，先惡魔

---

[227] 詳《大正藏》第二十五冊頁 332 下。
[228] 參《金剛般若波羅蜜經》，詳《大正藏》第八冊頁 749 上。
[229] 詳《大正藏》第十冊頁 66 下。
[230] 參《楞嚴經・卷三》，詳《大正藏》第十九冊頁 117 下。

師,與魔弟子「婬婬」相傳。如是邪精,魅其心腑,近則九生,多踰「百世」,令眞修行總爲魔眷,命終之後,必爲魔民,失正遍知墮無間獄……汝等必須將如來語,於我滅後傳示末法,遍令眾生開悟斯義,無令「天魔」得其方便,保持覆護,成無上道。[231]

　　與《楞嚴經》類似的經文內容亦可在《蓮華面經・卷上》看到,如佛曾告訴阿難尊者云:「所有眾生不敢食彼師子身肉,唯師子身自生諸蟲,還自噉食師子之肉。阿難!我之佛法非餘能壞,是我法中諸惡比丘猶如毒刺,破我三阿僧祇劫積行勤苦所集佛法」。[232]又《大寶積經・卷百十三》中佛也同樣告訴迦葉尊者曰:「多惡比丘壞我佛法。迦葉!非九十五種外道能壞我法,亦非諸餘外道能壞我法,除我法中所有癡人,此癡人輩能壞我法。迦葉!譬如師子獸中之王,若其死者,虎狼鳥獸無有能得食其肉者。迦葉!師子身中自生諸蟲,還食其肉」。[233]這些經文再再都明示末法時代佛教中的衰相,完全是「師子身自生諸蟲,還自噉食師子之肉」。[234]昔日蕅益 智旭大師讀到《楞嚴經》這段文時亦大嘆曰:「三千年後,正屬末法時也。嗚呼!讀經至此,而不痛哭流涕,撫昔傷今,思一振其頹風者,其眞魔家眷屬也已」。[235]

　　台灣這些年來宗教興盛,尤其新興宗教、宗派非常的多,亦有不少「附佛外道」的集團混參在佛門中。茲舉最近的妙天事件,其人不但會放光、分身、加持信眾、治病、祈福……等異能神通,但最終仍落得「王法」的制裁,理由不外是財、名、利(蓮花坐叫價三十萬)等。[236]二十餘年前,

---

[231] 參《楞嚴經・卷九》,詳《大正藏》第十九冊頁148中。

[232] 詳《大正藏》第十二冊頁1072下。

[233] 詳《大正藏》第十一冊頁640中-下。

[234] 此二句出自《法苑珠林・卷九十八》。詳《大正藏》第五十三冊頁1010下。

[235] 詳《卍續藏》第二十冊頁737下。

[236] 　有關妙天禪師的爭議新聞事件參閱網路:

台灣也發生過<u>陳恆明</u>的「飛碟會事件」，專門預言 1999 年上帝將會降臨，要帶信徒回天國。[237]還有多年前曾震驚全世界、造成五千多人死傷的日本東京地鐵「毒氣攻擊」事件，主使者就是「奧姆真理教」的教主<u>麻原彰晃</u>所做的案子。[238]其人好預言種種「災難變異」諸事，並宣稱自己神通廣大，能盤腿浮空，而且能在水裏連續閉氣達數十分鐘之久。其信徒的修鍊方式，除了膜拜<u>麻原彰晃</u>的肖像、或者飲用摻有他自己的「DNA」(即他細胞裏的遺傳物質)以及他洗過澡的「神水」以加強功力之外，甚至在他們持誦咒語、結手印之餘，還在頭上纏繞了許多電線，為的是能跟他們敬愛的教主<u>麻原彰晃</u>溝通。後來他更自稱是日本唯一「見性開悟」、達到「最高解脫境界的人」。他還宣稱，在他的指導下，信徒可以達到「絕對自由、絕對幸福與絕對歡喜」，結果最後仍難逃「王法」的制裁，這些都不離五十陰魔中「前三十陰魔」的範圍，最終成為《楞嚴經》所說的「**弟子與師，俱陷王難**」。[239]

　　其實還有更多「不可數、不可知、不可告人」的祕密集團，筆者也無異在本論文中全部逐一「點名」，但可知這些魔事都不出「五十魔」的範圍，且這些集團都盡幹些破戒的「男女婬事、放光、詐財、神通、謗大乘經」……等，因限於篇幅，或恐遭「毀謗」他人的嫌疑，所以只好「略而不說」。誠如近代禪宗泰斗<u>虛雲</u>老和尚所說的：「現在是末法時代，你到那裡訪善知識呢？不如熟讀一部《楞嚴經》，修行就有把握，就能保綏哀救，消息邪

---

https://zh.wikipedia.org/wiki/%E6%82%9F%E8%A6%BA%E5%A6%99%E5%A4%A9%E7%A6%AA%E5%B8%AB

[237] 資 料 參 閱 網 路 ：
https://zh.wikipedia.org/wiki/%E9%99%B3%E6%81%86%E6%98%8E

[238] 有關日本「奧姆真理教」教主<u>麻原彰晃</u>的爭議新聞事件參閱網路：
https://zh.wikipedia.org/wiki/%E9%BA%BB%E5%8E%9F%E5%BD%B0%E6%99%83

[239] 參《楞嚴經・卷九》，詳《大正藏》第十九冊頁 149 中。

緣，令其身心。入佛知見，從此成就，不遭歧路」。[240]唯有清楚認識《楞嚴經》的五十魔和「四淨誨」，努力去除自己的貪、瞋、痴及戒殺、盜、婬、妄，這是青年學佛避免落入魔道的最大經典依據，亦是關係佛教未來前途的一大關鍵。

參 考 文 獻

(佛典部份皆從 CBETA 電子佛典集成 April 2014 中所檢索)

1. 如濟法師編《修學如來正法‧揀魔辨異‧離諸群邪‧經論對治初集》。台北寂光印經會。86、1。

2. 楊東法師《治魔論》。台北慈心叢書之六十七。77、7。

3. 圓覺著《即身成佛？即身成魔？》。台中市佳金出版社，1985。

4. 《學佛？學魔？》。台北諾那華藏精舍編輯室。1993。

5. 梁晉源《佛教治魔方法綜述(上)》。台中市菩提樹雜誌。卷期：33:4(=第388期)。頁33　37。1985、3。

6. 梁晉源《佛教治魔方法綜述(下)》。台中市菩提樹雜誌。卷期：33:5(=第389期)。頁26　31。1985、4。

7. 圓香語釋《大佛頂首楞嚴經》。板橋無漏室印經組。71、2。

8. 悟慈大師述《楞嚴經講話》五冊。台南開元寺印。82。

9. 南懷瑾撰《楞嚴大義今釋》。台北老古文化。1996、3。(台灣六刷)

10. 莫正熹譯述《楞嚴經淺譯》。台北正善書出版。85、5。(新刷)

11. 明‧真界大師纂《楞嚴經纂註》。台北市新文豐出版社。1979。

12. 明‧戒潤大師撰《楞嚴貫珠》。台北新文豐。69、8。

13. 清‧劉道開撰《楞嚴貫攝》。台北新文豐。79、1。

14. 清‧治定(默庵)大師《楞嚴經易知錄》。台中蓮社。78、12。

15. 清‧通理大師《楞嚴經指掌疏》。台北市大乘印經會。1983、7。

16. 宣化大師講述《大佛頂首楞嚴經淺釋》。台北法界印經會。79。

---

[240] 參《虛雲老和尚年譜法彙增定本》頁367。

17. 宣化大師講述《楞嚴經四種清淨明誨》。1992、1。

18. 宣化大師《楞嚴經五十陰魔淺釋》。台北法界佛教印經會。1996、5。

19. 海仁大師《大佛頂首楞嚴經白話講記》。台南市和裕出版社。1989。（新刷）

20. 白聖大師編・慧律法師校訂《楞嚴經表解》。高雄文殊講堂印。81、3。(重校)

21. 唐一玄編述《大佛頂首楞嚴經自課》。高雄菜根香文教基金會1993。

22. 唐一玄編述《大佛頂首楞嚴經概介》。高雄菜根香文教基金會1993。

23. 守培大師《大佛頂首楞嚴經妙心疏》。台北佛陀教育出版社。1993。（新刷）

24. 妙因(張圓成)編《大佛頂首楞嚴經正脈科會》。台北佛教教育基金會。79、6。(新刷)

25. 圓瑛大師著《楞嚴經綱要》。台北市大乘精舍印經會。1993。

26. 圓瑛大師著《大佛頂首楞嚴經講義》。台北大乘精舍印。85、9。(新刷)

27. 《虛雲老和尚年譜法彙增定本》。高雄淨宗學會印。83、7。

28. 《蓮池大師全集》(精裝八冊)。台北法輪雜誌社印。1997。

29. 《蕅益大師全集》(精裝二十一冊)。台北佛教書局。

30. 《印光法師文鈔全集》(精裝九冊)。台北佛陀佛教基金會印贈。1997、11。

31. 《大正藏》。台北新文豐印。

32. 《卍續藏》。台北新文豐印。

33. 《佛教藏》。台北佛教書局。

三、從《楞嚴經》中探討「世界相續」的科學觀

發表日期：2016 年 11 月 16 日中國佛教與海上絲綢之路學術研討會。
當天與會學者為本文提供諸多寶貴意見，經筆者多次修潤後已完成定稿。

從《楞嚴經》中探討「世界相續」的科學觀

陳士濱

宏國德霖科技大學通識中心副教授

全文摘要

距今一千三百多年所譯出的〔…5 年譯出〕已提到「世界相續」形成的原因，在佛陀那個沒〔…〕代，實在是不可思議。本論文將從今日的科學角度重新〔…〕這段經文，從眾生的一念「無明空昧」開始，然後逐漸〔…〕金輪(地大)、火光(火大)、水輪(水大)的次第順序。本文採〔…〕討佛法，因為科學的新發現往往可以發揮「補充註解」的〔…〕所以科學與甚深佛法有著「不離」的關係；然而科學〔…〕點，所以它與甚深的佛法也處於「不即」的關係。佛法與科學這類的議題應以「不即不離」的觀點作為最高的準則。由於《楞嚴經》的經文較生澀難懂，故本論文特地在所有引用「經文」的後面皆已附上括號白話翻譯，文中所引用的科學影片亦附上詳細出處及擷圖供佐證。

全文摘要

距今一千三百多年所譯出的《楞嚴經》(西元 705 年譯出)已提到「世界相續」形成的原因,在佛陀那個沒有科學科技的時代,實在是不可思議。本論文將從今日的科學角度重新來探討《楞嚴經》這段經文,從眾生的一念「無明空昧」開始,然後逐漸形成風輪(風大)、金輪(地大)、火光(火大)、水輪(水大)的次第順序。本文採科學的角度來探討佛法,因為科學的新發現往往可以發揮「補充註解」艱澀佛典的功能,所以科學與甚深佛法有著「不離」的關係;然而科學也有「死角」與「盲點」,所以它與甚深的佛法也處於「不即」的關係。佛法與科學這類的議題應以「不即不離」的觀點作為最高的準則。由於《楞嚴經》的經文較生澀難懂,故本論文特地在所有引用「經文」的後面皆已附上括號白話翻譯,文中所引用的科學影片亦附上詳細出處及擷圖供佐證。

關鍵詞:

空大、風輪、金輪、火輪、水輪

一、前言

　　《楞嚴經》中有關「世界」生起相續的經文出現在卷四，去掉標點符號，經文只有 168 字，內容如下：

　　覺，明空昧，相待成搖，故有「風輪」執持世界。

　　因空生搖，堅明立礙。彼金寶者，明覺立堅，故有「金輪」保持國土。

　　堅覺寶成，搖明風出，風金相摩，故有「火光」為變化性。

　　寶明生潤，火光上蒸，故有「水輪」含十方界。

　　火騰水降，交發立堅。濕為巨海，乾為洲潬。

　　以是義故，彼大海中，火光常起。彼洲潬中，江河常注。

　　水勢劣火，結為高山。是故山石擊則成燄，融則成水。

　　土勢劣水，抽為草木，是故林藪遇燒成土，因絞成水。

　　交妄發生，遞相為種，以是因緣世界相續。[1]

　　首先說明經文中的「覺」與「明」字間放一個逗點，第一個「覺」字是指「妙明真心之真覺」，下一個「明」則指「無明」，此乃據歷代祖師註解《楞嚴經》而作出的結論，如：明·憨山 德清《楞嚴經通議》云：「覺明空昧等，謂由迷『一真法界妙明真心』而為『覺明』之『無明』。」[2]又如明·一松《楞嚴經秘錄》云：「因一念『不覺』而起，翻真空而成頑空，翻妙明而成『無明』，故云『覺明空昧』。」[3]及清·溥畹《楞嚴經寶鏡疏》亦云：「覺明空昧……依『真覺』妄動，轉為『無明』等相。」[4]

　　另一個相同案例是《楞嚴經》卷四經文云：「覺，明為咎」。[5]在「覺」

---

[1] 參《楞嚴經》卷 4。詳 CBETA, T19, no. 945, p. 120, a。

[2] 參明·憨山 德清《楞嚴經通議》卷 4。詳 CBETA, X12, no. 279, p. 569, a。

[3] 參明·一松《楞嚴經秘錄》卷 4。詳 CBETA, X13, no. 283, p. 103, a。

[4] 參清·溥畹《楞嚴經寶鏡疏》卷 4。詳 CBETA, X16, no. 316, p. 508, b。

[5] 參《楞嚴經》卷 4。詳 CBETA, T19, no. 945, p. 120, a。

與「明」中間也是加一個逗點，據元·惟則《楞嚴經圓通疏》云：「全是真覺，起於『妄明』，而為過咎」。[6]及明·交光 真鑒《楞嚴經正脈疏》亦云：「此妄亦非他物，即是真覺，『妄明』為過咎耳。」[7]

　　《楞嚴經》卷四經文有關世界生起內容只短短的一百多字，卻道盡了宇宙世界形成的祕訣，底下將詳細探討這段經文與現代科學的觀點是否有暗合或匯通之處？本論將分成五點小標題來作各別說明，如下：
「無明」是世界形成之因。
「風輪」能安立一切世界。
「金輪」由撞擊搖動形成。
「火輪」由風地輪互撞成。
「水輪」由火光上蒸而成。

二、「無明」是世界形成之因

　　《楞嚴經》提出「晦昧、迷妄、無明、妄明」等字詞來說明世界形成之因，其中有兩段經文明確指出眾生乃因一念「迷妄」而產生了虛空及世界，如〈卷二〉云：「晦昧為空」[8]及〈卷六〉云：「迷妄有虛空，依空立世界」。[9]經文說的「晦昧」與「迷妄」兩字就是指「無明」之義，如〈卷五〉云：「迷晦即無明」。歷代祖師註解也有相同的看法，如《楞嚴經寶鏡疏》云：「晦昧即無明也，由此無明，變起頑空，故云為空，即經云：迷妄有虛空也。」[10]又如《首楞嚴義疏注經》云：「無明體暗，故云晦昧。內有無明，外現空相。」[11]及《楞嚴經通議》亦云：「以此無明，蓋覆真心，遂將

---

[6] 參元·惟則《楞嚴經圓通疏》卷4。詳 CBETA, X12, no. 281, p. 767, b。
[7] 參明·光交 真鑑《楞嚴經正脈疏》卷4。詳 CBETA, X12, no. 275, p. 284, a。
[8] 參《楞嚴經》卷2。詳 CBETA, T19, no. 945, p. 110, c。
[9] 參《楞嚴經》卷6。詳 CBETA, T19, no. 945, p. 130, a。
[10] 參清·溥畹《楞嚴經寶鏡疏》卷2。詳 CBETA, X16, no. 316, p. 462, c。
[11] 參宋·子璿《首楞嚴義疏注經》卷2。詳 CBETA, T39, no. 1799, p. 846, a。

靈明廓徹之真空，變為頑然無知之虛空，故云晦昧為空。」[12]

　　另一個與「迷妄、晦昧」相同的字詞就是一個「明」字，但這個「明」並非是指「清楚明白、覺性清淨」的「明」，而是指「妄明、無明」的意思，如《楞嚴經・卷四》云：「覺，非所明，因明立所」，[13]白話意思是：如來藏本具「清淨之覺」，本來就沒有「所明的妄覺」與「能明的無明」，但因眾生一念的「無明」妄動，欲加一個「有能有所」的「明」在「清淨覺體」上，反而成立了一個「所見的妄境」。元・惟則《楞嚴經圓通疏》詳細的說：

> 因「明」立「所」，此四字為要緊答也，蓋「明」即「妄明」，「妄明」即「無明」也。「所」即「山河大地」諸有為相發現之由也。要而言之，因「明」立「所」者，即是因「無明」而生起「世界、虛空、眾生業果」也。[14]

　　經文雖然只出現一個「明」字，但對照前後文義，此處的「明」的確是解作「無明」之義，在《楞嚴經》中有關「明」字解釋成「無明」義的例子很多，製表及白話解釋如下：

經文第四卷	覺，非所「明」，因明立「所」。[15] (白話翻譯：「如來藏」本具「清淨之覺」，本來就沒有「所明的妄覺」與「能明的無明」，但因眾生一念的「無明」妄動，欲加一個「有能有所」的「明」在「清淨覺體」上，反而成立了一個「所見的妄境」)

---

[12] 參明・憨山 德清《楞嚴經通議》卷 2。詳 CBETA, X12, no. 279, p. 545, c。

[13] 參《楞嚴經》卷 4。詳 CBETA, T19, no. 945, p. 120, a。

[14] 參元・惟則《楞嚴經圓通疏》卷 4。詳 CBETA, X12, no. 281, p. 764, c。

[15] 參《楞嚴經》卷 4。詳 CBETA, T19, no. 945, p. 120, a。

經文第四卷	性覺必明，妄為「明、覺」。[16]
	(白話翻譯：「如來藏」之「本性清淨之覺」，必然具足「湛然妙明」，但以眾生一念「無明」妄動，要在「本性清淨之覺」再加上一個「有能有所」的「明」，那就會變成了另一種的「無明」與「妄覺」了)
經文第四卷	覺，明空昧。[17]
	(白話翻譯：在眾生「如來藏」的「本性清淨之覺」中，由於眾生一念「無明」而生起「妄明」，遂變成「虛空」，具有「晦昧不明」的特質)
經文第四卷	彼金寶者，「明、覺」立堅。[18]
	(白話翻譯：一切的「金銀寶礦」都是屬於「地大」的精華，由於眾生「堅固」的「無明業習」與「妄知妄覺」，便成立了「地大」堅硬相)
經文第四卷	堅覺寶成，搖明風出。[19]
	(白話翻譯：由於眾生「堅固」的「妄知妄覺」而感召出「金銀寶礦」似的「地大」形成；由於眾生不斷動搖的「無明業習」而感召出類似「風大」的「分子雲團」出現)
經文第四卷	覺，明為咎。[20]
	(白話翻譯：「如來藏」本具「清淨之覺」，因眾生一念的「無明」妄動，欲加一個「有能有所」的「明」在「清淨覺體」上，反而是一種過失)
經文第四卷	如是三種顛倒相續，皆是覺，明，明了知性。[21]

---

[16] 參《楞嚴經》卷 4。詳 CBETA, T19, no. 945, p. 120, a。
[17] 參《楞嚴經》卷 4。詳 CBETA, T19, no. 945, p. 120, a。
[18] 參《楞嚴經》卷 4。詳 CBETA, T19, no. 945, p. 120, a。
[19] 參《楞嚴經》卷 4。詳 CBETA, T19, no. 945, p. 120, a。
[20] 參《楞嚴經》卷 4。詳 CBETA, T19, no. 945, p. 120, a。
[21] 參《楞嚴經》卷 4。詳 CBETA, T19, no. 945, p. 120, b。

	(白話翻譯：如是「世界、眾生、業果」三種顛倒相續不斷，這都是「如來藏」本具「清淨之覺」，因眾生一念的「無明」妄動，欲加一個「有能有所」的「明」在「清淨覺體」上，於是便從「無明」生出虛妄的「了知性」，因此虛妄的「了知性」進而發生了「三細六麤」諸相)
經文第四卷	阿難！如是六根，由彼覺明，有明明覺。[22] (白話翻譯：阿難！這些「六根」發生的理論，就像是「如來藏」之「本性清淨之覺」，必然具足「湛然妙明」，但以眾生一念「無明」妄動，要在「本性清淨之覺」再加上一個「有能有所」的「明」，那就會變成了另一種的「無明」與「妄覺」了)
經文第七卷	由性明心，性明圓故，因明發性。[23] (白話翻譯：眾生本性即具「勝妙明淨」之「如來藏」真心，其性原為湛明圓滿的，但以眾生一念「無明」妄動，因要在「本性清淨之覺」再加上一個「有能有所」的「明」，那就會變成了另一種的「無明」與「妄覺」，因此發生了「業識之性」)

以上九段經文雖然都是譯作「明」字，但據前後文義來解釋這個「明」都是指「無明、妄明」之義，如明・交光《楞嚴經正脈疏》云：「覺明空昧……覺體之上，已起妄明」[24]、及「覺，明為咎……即是真覺，妄明為過咎耳。」[25]所以世界生起之因在於眾生以「一念無明妄動」為主因，[26]進

---

[22] 參《楞嚴經》卷 4。詳 CBETA, T19, no. 945, p. 123, b。

[23] 參《楞嚴經》卷 7。詳 CBETA, T19, no. 945, p. 138, b。

[24] 參明・光交 真鑑《楞嚴經正脈疏》卷 4。詳 CBETA, X12, no. 275, p. 282, c。

[25] 參明・光交 真鑑《楞嚴經正脈疏》卷 4。詳 CBETA, X12, no. 275, p. 284, a。

[26] 如清・溥畹《楞嚴經寶鏡疏》卷 7 云：「是故世界，皆因真如心內，一念不覺，無明妄動。所以外感風輪，故有聲風。因空生搖，堅明立礙，故有色立。金風相摩，則有火光。火則有氣，氣則香也。寶明生潤，火光上蒸。由斯流水，水有冷暖，故成觸也。」詳 CBETA, X16, no. 316, p. 574, b。

而產生「色身、山河、虛空大地」諸相，如《楞嚴經‧卷二》云：「色身、外洎山河、虛空、大地，咸是妙明真心中物。」[27]

三、「風輪」能安立一切世界

按照《楞嚴經》所說，宇宙世界形成的順序依次為：真覺→無明妄心→空輪(空大)→風輪(風大)→金輪(地大)→火輪(火大)→水輪(水大)。[28]據《楞嚴經‧卷六》云：「迷妄有虛空，依空立世界」，[29]眾生因為有了「迷妄」的「共業」後才產生「空輪」(空大、空間)，依現代科學研究的成果皆說早期的宇宙只是一個「奇點」，後來發生「大爆炸」(Big Bang 大霹靂)後才產生了「空間」與「時間」；待「空間」形成後，[30]下一個就是「風輪」的形成，這個「風輪」可以安立一切世界，能執持「地輪」等。如《佛說寶雨經》說：

> 復次善男子！譬如「風力」廣能安立「一切世界」種種莊嚴。謂「風」能持「金剛輪」等。七寶洲渚、輪圍山、大輪圍山、四大洲渚、蘇迷盧山、大蘇迷盧山；及餘寶山、香山、雪山、帝釋宮殿、贍部洲等。及「小千、中千、大千」世界……

---

[27] 參《楞嚴經》卷2。詳 CBETA, T19, no. 945, p. 110, c。

[28] 參《楞嚴經》卷4。詳 CBETA, T19, no. 945, p. 120, a。

[29] 參《楞嚴經》卷6。詳 CBETA, T19, no. 945, p. 130, a。

[30] 大爆炸又稱為「大霹靂」，在 1932 年由比利時天文學家和宇宙學家勒梅特(Lemaitre, Georges)首次提出了現代宇宙大爆炸的理論，這是描述宇宙誕生初始條件及其後續演化的宇宙學模型，這一模型得到了當今科學研究和觀測最廣泛且最精確的支持，宇宙大爆炸距今 137.98 ± 0.37 億年，並經過不斷的膨脹到達今天的狀態。但隨著現代的科學研究，所謂的「宇宙火爆炸」逐漸出現很多新的觀點，如 2015 年 7 月 2 日據天文學網站 dailygalaxy.com 的報導說：加拿大的圓周理論物理研究所的天體物理學家尼亞耶‧阿尚迪(Niayesh Afshordi)博士宣稱：宇宙大爆炸理論只是個幻覺。完整說明請詳見網址：http://www.epochtimes.com/b5/15/7/3/n4471778.htm。又據 2015 年 2 月 10 日英國每日郵報報導：加拿大萊斯布里奇大學索亞‧達斯(Saurya Das)教授及埃及本哈大學(Benha University)的艾哈邁德‧阿里‧法拉格(Ahmed Ali Farag)共同合作提出新理論說明：新量子理論模型顯示「大爆炸」不存在，宇宙沒有起點也沒有終點。完整說明請詳見網址：http://www.360doc.com/content/15/0214/20/37063_448629457.shtml。

如「風」成就四大洲渚、蘇迷盧山等……如「風」能持「小千世界」……
如「風」成立「中千世界」……如「風」成立「大千世界」……如「風」
能成諸大海水……

如「風」成立小中大洲及諸山等……如「風」成立帝釋宮殿……如「風」
能成劫波樹林。[31]

又如《大方廣佛華嚴經》之〈寶王如來性起品〉更詳細的說：

復次，佛子！譬如世界初始成時……
爾時有「風輪」起，名淨光明，能成色界諸天宮殿。
又「風輪」起，名淨莊嚴，能成欲界諸天宮殿。
又「風輪」起，名不可壞，能成大小圍山及金剛山。
又「風輪」起，名曰勝高，能成須彌山王。
又「風輪」起，名曰不動，能成十種大山。何等為十？所謂：芭蕉山、
　　　　仙人山、伏魔山、大伏魔山、持劫山、黑山、目真
　　　　隣陀山、摩訶目真隣陀山、香山、雪山。
又「風輪」起，名曰安住，能成大地。
又「風輪」起，名曰莊嚴，能成地天宮殿、乾闥婆宮殿。
又「風輪」起，名無盡藏，能成三千大千世界海。
又「風輪」起，名明淨藏，能成大千世界珍寶。
又「風輪」起，名堅固根，能成一切如意樹。[32]

從經文可知「風輪」(vāyu-maṇḍala)是形成一切世界的基礎，那「風輪」
究竟是指什麼？若從《阿毘達磨俱舍論》可得知「風輪」是厚「十六洛叉」，

---

[31] 參《佛說寶雨經》卷 4。詳 CBETA, T16, no. 660, p. 299, c。
[32] 參《大方廣佛華嚴經》卷 33〈32 寶王如來性起品〉。詳 CBETA, T09, no. 278, p. 613, b。

然後才形成「水輪」，在「水輪」凝結後才會形成「金輪」(地輪)，如云：「安立器世間，『風輪』最居下，其量廣無數，厚十六洛叉(lakṣa 印度古代數量名稱，今意謂十萬)。次上『水輪』，深十一億二萬，下八洛叉水，餘凝結成『金』。」[33]以《俱舍論》的說法實在難以理解「風輪」是什麼？而歷代祖師也多將「風輪」解釋成一般的「風」，如《楞嚴經通議》云：「如虛室生風，又如鼓扇生風也。積想不休，而風力愈大。故曰一切世界風力所持。又一切世間境界皆依無明妄心而得住持，故有風輪執持世界，此風大種也。」[34]又如《楞嚴經指掌疏》：「搖久不息，動蕩成風。由斯故有風輪。風而言輪者，隨彼當土眾生業感依報，分齊成輪相也。」[35]

　　若以現代科學的研究報告來說，「風輪」在科學上的解釋可能多達兩種以上的定義。一是指以「風」為形式的一種「中微子」(neutrin)，二是指「氣體」加上「塵埃」組成像「風」的一種「雲狀物」。但筆者相信未來的科學研究報告一定還會有更多創新的說法。

　　首先解釋第一種「風輪」是以「風」為形式的一種「中微子」(neutrin)說法，根據 2013 年 8 月 9 日最新的研究報導指出，位於美國加州大學伯克利分校的中心校園內的「勞倫斯伯克利國家實驗室」(Lawrence Berkeley National Laboratory，簡稱伯克利國家實驗室)，借助歐洲太空總署的「普朗克任務」(Planck mission)與美國太空總署(NASA)的「威金森微波異向性探測器」(Wilkinson Microwave Anisotropy Probe)，這種裝置能夠比以往更加深入觀察「宇宙微波背景輻射」(cosmic microwave background，簡稱 CMB，又稱 3K 背景輻射)，[36]研究發現宇宙在誕生後的 100 年到 30 萬年間，太空中是充滿了

---

[33] 參《阿毘達磨俱舍論》卷 11〈3 分別世品〉。詳 CBETA, T29, no. 1558, p. 57, a。

[34] 參明・憨山 德清《楞嚴經通議》卷 4。詳 CBETA, X12, no. 279, p. 569, b。

[35] 參清・通理《楞嚴經指掌疏》卷 4。詳 CBETA, X16, no. 308, p. 115, c。

[36] 「宇宙微波背景」是宇宙學中「大爆炸」所遺留下來的「熱輻射」，是一種充滿整個宇宙的「電磁輻射」。

「光子」(photon)與「暗能量」(dark energy)，還有以「風」形式出現的「中微子」(neutrin)。科學家認為以「風」為形式的「中微子」與目前所知道的「中微子」並不同，應該是屬於「暗能量」(dark energy)[37]的一種。[38]

這個驚人的報導指出宇宙在誕生後的 100 年到 30 萬年間確實出現以「風」為形式的一種「中微子」(neutrin)，我們無法證實佛典上說的「風輪」與「中微子」是一樣的東西，也可能這兩者指向不同的物質，但基本上兩者的「稱呼」似乎有異曲同工之妙。

第二種「風輪」是指「氣體」加上「塵埃」組成像「風」的一種「雲狀物」。這個說法乃根據 National Geographic 系列影片中，一部有關「星球」形成的科學報導「科學新發現.地球的誕生」中說：

> 在我們地球現在所在於的「銀河系」的外側「懸臂」的區域，曾經有一股巨大的由「氣體」和「塵埃」構成的「雲狀物」，接下來發生了令人震驚的事情，由「塵埃」構成的「雲狀物」，最終轉變成了今天我們所知的星球……天文學家們已經把地球誕生的過程給拼湊了出來，一切都起始於一團巨大的由「氣體」和「塵埃」構成的「雲狀物」，它包含許多細小的髒兮兮的顆粒沙子的顆粒、「矽」(silicon)的顆粒。科學家們把這些充斥著「氣體」和「塵埃」的區域稱為「分子雲」(molecular

---

[37] 在物理宇宙學中，「暗能量」是一種充溢在整個空間、可以增加「宇宙膨脹」速度，而且是無法直接察覺、觀測的一種能量形式，「暗能量」目前佔據宇宙 68.3% 的質能。

[38] 以上的研究結果刊登於《Physical Review Letters》期刊，本文由「台灣醒報記者莊瑞萌綜合報導」。資料詳見網址：https://tw.news.yahoo.com/%E7%A7%91%E6%8A%80%E8%AE%93%E6%99%82%E5%85%89%E5%80%92%E6%B5%81-%E9%87%8D%E5%9B%9E%E5%A4%A7%E7%88%86%E7%82%B8%E7%99%BE%E5%B9%B4%E6%99%82-074100620.html。

clouds)，但是它們不同於地球上我們看到的任何一種雲。「分子雲」
非常的巨大，它們覆蓋了數百光年大小的區域，就是這種「雲狀」物
像。這些被哈勃天文望遠鏡拍下來的照片上所顯示的東西形成了
「地球」。「雲狀物」是由數以百計的死亡的「星球」的「碎片」構成的。
[39]

影片擷圖如下：

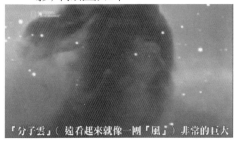

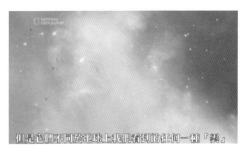

　　「科學新發現.地球的誕生」的影片研究報告指出「星球」最早是由大
片的「氣體」加上「塵埃」組成的一種類似「風」的「雲狀物」，然後不斷的
碰撞與相擊，最終形成一團的星球。筆者大膽的推測，這所謂的「雲狀
物」應該就是類似佛經上所說「風輪」的一種狀態，如此的話，宇宙在誕
生「空間」後就逐漸有著以「風」為形式的一種「中微子」(neutrin)，或是說

---

[39] 詳「科學新發現.地球的誕生」(National Geographic：Naked Science：Birth Of The Earth)。
　　2000 年 1 月播出。影片自 1:52～3:17。

宇宙最早的「狀態」是「氣體」加上「塵埃」組成像「風」的一種「雲狀物」。
以上這兩種解釋都應該可以「對應」到佛經中說的「風輪能安立一切世界、
能成立大千世界」的觀點。

四、「金輪」由撞擊搖動形成

《楞嚴經・卷四》云：因空生搖，堅明立礙。彼金寶者，明覺立堅，
故有「金輪」保持國土。[40]這段白話意思是說：因為在「虛空」中不斷發生
殞石與行星間的搖動與碰撞，接著由於眾生有強烈「堅固頑執」的「無明
業習」，便感召成立了「大地」的「堅礙相」。一切的「金銀寶礦」都是屬於
「地大」的精華，由於眾生「堅固」的「無明業習」與「妄知妄覺」，便成立
了「地大」堅硬相，所以堅硬的「地大金輪」便能「保護執持」各方的國土。

從宇宙或星球「生起」的順序來說，《楞嚴經》的觀點是：空輪(空大)→
風輪(風大)→金輪(地大)→火輪(火大)→水輪(水大)。也就是「風輪」的後面是
接上「金輪地大」，「金輪地大」後面才是「火輪、水輪」。但若據其餘經典
所說的世界互相「依止、執持」的順序來說，則與《楞嚴經》不同；以「依
止」順序來說則是：空輪→能執持「風輪」→能執持「火輪」→能執持「水
輪」→能執持「地輪」。如《大法炬陀羅尼經》云：「地依水界，水依火界，
火依風界。如是四種及與識界悉依空也。」[41]又如《大方廣佛華嚴經》云：
「譬如樹林依地有，地依於水得不壞，水輪依風風依空，而其虛空無所
依。」[42]關於這點，在《楞嚴經》的歷代祖師註解中也有詳細說明，大致
都認為《楞嚴經》是講世界「生起」的次序，由內而外，而他經所說是從
「自下升上、互相執持」的觀點，如《楞嚴經精解評林》云：「彼約安立
世界，自下升上，以成其次。此約生起世界，由內感外，以成其次。然

---

[40] 參《楞嚴經》卷 4。詳 CBETA, T19, no. 945, p. 120, a。

[41] 參《大法炬陀羅尼經》卷 2〈5 問法性品〉。詳 CBETA, T21, no. 1340, p. 668, a。

[42] 參《大方廣佛華嚴經》卷 50〈37 如來出現品〉。詳 CBETA, T10, no. 279, p. 265, c。

大小義別，不須會通。」[43]又如《楞嚴經講錄》云：「蓋彼約安立，自下升上，以成其次，此約目前四大生起之由。」[44]

何謂「金輪」？「金輪」即是「地輪、地大」嗎？據《佛光大辭典》頁3588 云：「金輪」的梵語作 kāñcana-maṇḍala，此是構成器世界之「風、水、金」等三輪之一，或「空、風、水、金」等四輪之一。「金輪」又作「金性地輪、地輪、地界」，如《楞嚴經指掌疏》云：「按本經地輪即是金論」。[45]《楞嚴經》又常將「金輪」稱作「金寶」，因為「地大」是屬堅硬之物，而最堅硬之物則以「金銀寶礦」為主，如《楞嚴經正脈疏》云：「地性堅硬，而堅莫過金，故金是地大精實之體。」[46]及宣化《大佛頂首楞嚴經淺釋》云：「一切金銀寶礦，都是地大之精。」[47]

科學家解釋這些類似「風輪」的「塵埃分子雲」(此稱為分子雲 molecular clouds)如何變成了「星球地大」呢？主要是因為不斷的「搖動」與「互相撞擊」所形成，此與《楞嚴經》的「搖動」說不謀而合，如 National Geographic「科學新發現.地球的誕生」中說：

把顆粒狀的固體，像「糖、鹽、即溶咖啡」混合在一起，然後「搖動」，接下來發生的事情，是袋子裡細小的「顆粒」聚集成一團一團的小塊，就像「塵埃」絨球一樣，立刻完成了「聚集」……就像這個現象所展示的，一旦你把「塵埃」，或者基本上任何東西放到「失重」條件下，接著「搖動」它，使得它內部的東西互相「摩擦」，我們可以認為在過程中將發生某種形式的「電子」轉移。這將使得它們立刻「聚集」在

---

[43] 參明·焦竑《楞嚴經精解評林》卷 2。詳 CBETA, X15, no. 301, p. 243, a。

[44] 參《楞嚴經講錄》卷 4。詳 CBETA, X15, no. 299, p. 56, c。

[45] 參清·通理《楞嚴經指掌疏》卷 8。詳 CBETA, X16, no. 308, p. 262, b。

[46] 參明·光交 真鑑《楞嚴經正脈疏》卷 4。詳 CBETA, X12, no. 275, p. 282, c。

[47] 參宣化上人《大佛頂首楞嚴經淺釋》卷上。法界印經會出版。2005 年 8 月，頁 101。

一起形成「團狀」物體⋯⋯地球演化的下一個步驟充滿了難以置信的「暴力碰撞」，隨著這二十顆「行星」繞著太陽轉動，它們的「重力」互相影響，然後它們開始「碰撞」。每一次「撞擊」過後，兩顆「行星」合成了。經過一段時間之後，這些「碰撞」把太陽系削減成只有少數幾顆「行星」，包括「金星、水星、火星」和「地球」。天文學家相信地球成長到這個階段大約花了三千萬年。[48]

影片擷圖如下：

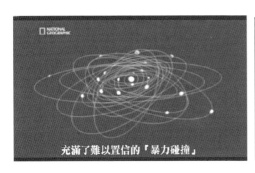

以科學的觀點來說，星球的形成主力就是由這些「宇宙塵埃、碎片隕石」在「重力」牽引之下進行不斷的互相「搖動、撞擊、匯聚、積集」形成，如《從地球到宇宙：宇宙大撞擊・星系的碰撞(Discovery 頻道 2009.11)更進一步的說：

---

[48] 詳「科學新發現.地球的誕生」(National Geographic：Naked Science：Birth Of The Earth)。2000 年 1 月播出。影片自 5:07～08:33。

星體相撞的概念，花了數十年才被完全證實，宇宙撞擊是宇宙中的規則，無一例外。無論在任何層級都是如此，包括穿越太空的灰塵，在我們的太陽系中，所有的行星，我們所見的所有物體，都是由「撞擊」建造而成的。「塵」相撞成「沙」，「沙」相撞成「礫」，「礫」相撞成「岩」，巨礫相撞成「微行星」，小行星衝撞成「行星」。所以我們本身就是源自於「撞擊」。[49]

其實在佛經中早已指出三千大千國土常會發生「撞擊、振裂」等的六種振動，或十八種相，[50]例如《妙法蓮華經·卷五》云：「佛說是時，娑婆世界三千大千國土地皆震裂。」[51]又如《大乘本生心地觀經》云：「此三千大千世界六種震動，謂：動、極動、徧極動；……振、極振、徧極振；擊、極擊、徧極擊……爆、極爆、徧極爆。」[52]及《證契大乘經·卷下》云：「如來十地名時，從娑訶佛土，乃至十方不可說諸佛國土，皆現十八大相，所謂：動、大動、普動……擊聲、大擊聲、普擊聲……諸佛國土皆現十二相轉，而諸眾生無有怖害，咸悉安隱。」[53]而這些現象在現今的科學研究中也常常報導，如下所舉。

據 2006 年 1 月 9 日的中央社華盛頓法新電報導說：銀河系會出現

---

[49] 參 Discovery 頻道，《從地球到宇宙：宇宙大撞擊·星系的碰撞中說》。2009 年 11 月播出。詳影片 20:51—21:38。

[50] 按照《佛說佛母出生三法藏般若波羅蜜多經》上所說的「十八相」有：震、徧震、等徧震；動、遍動、等遍動；踊、遍踊、等遍踊；擊、遍擊、等遍擊；爆、遍爆、等遍爆；吼、遍吼、等遍吼。現如是等十八相已，即時大地還復如故。以上參《佛說佛母出生三法藏般若波羅蜜多經》卷 15〈16 真如品〉。詳 CBETA, T08, no. 228, p. 639, a。

[51] 參《妙法蓮華經》卷 5〈15 從地踊出品〉。詳 CBETA, T09, no. 262, p. 39, c。

[52] 參《大乘本生心地觀經》卷 1〈1 序品〉。詳 CBETA, T03, no. 159, p. 293, c。

[53] 參《證契大乘經》卷 2。詳 CBETA, T16, no. 674, p. 661, a。

「彎曲」並如「鼓」般的「震動」。內容大約說，天文學家發現，銀河的「原子」氣體層「震動」如「鼓」，震動音頻幾乎囊括三個「基本音」。[54]據 2008 年 10 月 24 日的新華網報導說：法國 COROT 天文衛星日前首次監測到太陽以外三顆恆星的「震動」情況，這一發現將幫助科學家們更好了解太陽內部的構造。[55]據 2008 年 10 月 28 日新浪科技的報導說：科學家捕獲「恆星」演奏「天外之音」。這項研究結果發表在《科學》雜誌中，在他們論文中寫道，每顆恆星的「聲音」都擁有一個規則的重複模式，這說明所有天體都在有「規律地振動」。[56]據 2008 年 3 月 4 日中國經濟網的報導說：歐洲天文學家首次探測到「恒星風」強烈的「碰撞」現象，內容說歐洲天文學家首次探測到一個「雙星」系統中的二顆巨大「恒星風」發生了「強烈碰撞」，並產生了「高能 X 射線」。[57]據 2008 年 7 月 1 日網易探索的報導說：科學家發現「超光亮恒星」在「爆炸」時會產生「夸克星」的新物質現象，也就是說「新物質、新生命」極可能都是由「爆炸、撞擊」中產生的。[58]

甚至最新的研究也發現「水星」就是起源於一場「宇宙車禍」，也就是水星來自「大碰撞」而形成的，[59]而月球或是由「地球」和「水星」的碰撞而

---

[54] 以上可詳見網址的完整說明 http://www.epochtimes.com/b5/6/1/10/n1184341.htm

[55] 以上可詳見網址的完整說明：http://epaper.usqiaobao.com:81/qiaobao/html/2008-10/25/content_102300.htm

[56] 以上可詳見網址的完整說明：
http://big5.xinhuanet.com/gate/big5/news.xinhuanet.com/tech/2008-10/27/content_10258795.ht。

[57] 以上可詳見網址的完整說明：
http://sci.ce.cn/yzdq/yz/yzxw/200803/04/t20080304_14719401.shtml。

[58] 以上可詳見網址的完整說明：
http://discover.news.163.com/08/0701/10/4FOQ9H49000125LI.html。

[59] 據 2014 年 7 月 15 日的好觀奇聞網報導說：水星巨大鐵核形成新揭秘，或源於十億年「宇宙車禍」碰撞。以上可詳見網址的完整說明：
http://www.98hgw.com/yuzhoutanmi/20150413/19620.html。

成，[60]所有的科學研究結果都與《楞嚴經》的「因空生搖，堅明立礙。彼金寶者，明覺立堅，故有金輪保持國土」理論互相接近的。

五、「火輪」由風地輪互撞成

《楞嚴經・卷四》云：堅覺寶成，搖明風出，風金相摩，故有「火光」為變化性。[61]這段白話意思是說：由於眾生「堅固」的「妄知妄覺」而感召出「金銀寶礦」似的「地大」形成，由於眾生不斷動搖的「無明業習」而感召出類似「風大」的「分子雲團」出現。此時類似「風大」的「分子雲團」(科學名為「分子雲團」，是由「隕石、行星、塵埃碎片」所形成，因遠望就像一團「風」，但並不是真正的「風力」)與「地大金輪」互相摩擦與撞擊，於是就有變化無端的「火光」生起。

「火輪」即是「火大」，這名詞是非常淺顯易懂的，《楞嚴經》中說「火輪」的發生主要來自「風金相摩」四個字。本文在第三節曾說「風輪」有二種解釋，一是指以「風」為形式的一種「中微子」(neutrin)，二是指「氣體」加上「塵埃」組成像「風」的一種「雲狀物」。故此段經文的「風金相摩」指的是第二種「宇宙塵埃、碎片隕石」的「風輪」狀態，[62]「宇宙塵埃、碎片隕石」不斷的與「地大金輪」發生碰撞、摩擦，導致整個大地到處充滿著「火球、岩漿、爆炸、火光」等的恐怖現象。如 National Geographic「科

---

[60] 據 2014 年 7 月 23 日星球日報導說：美國國家航空航天局科學家近日發現，月球和水星之間，尤其是在地質歷史等方面存在著驚人的相似之處。科學家認為，如果構成水星的同位素恰巧與月球相似，那麼就表明，水星在地球形成的最後階段與地球相撞擊並形成月球。目前此結論仍在探討和證實中。以上可詳見網址的完整說明：http://www.planetsdaily.com/Universe/2014_07_23_2174.shtml。

[61] 參《楞嚴經》卷 4。詳 CBETA, T19, no. 945, p. 120, a。

[62] 筆者此段對「風輪」的解釋與歷代祖師不同，如明・交光 真鑑《楞嚴經正脈疏》卷4中則將「風輪」解釋成一般的「風相」。如云：「搖明動念之妄明也，動成風相故風出，此是生火之因起。一堅一動故相摩生火，如云一剛一柔相摩相蕩也，為變化性者。」詳 CBETA, X12, no. 275, p. 283, a。

學新發現.地球的誕生」中說：

> 當早期的地球在形成的過程中物質「撞擊」行星釋放的能量產生了
> 大量的熱量，熱量是如此的強烈，甚至連「岩石」都被融化了。在融
> 化狀態的地球上，最輕的物質會上升到表面，而那些最重的物質--
> 包括「鐵」（含鐵的地核相），會向著「地心」下沉，這樣它們就形成了一
> 個融化態的核心，就是這個由鐵構成的核心，保護我們免遭「太陽
> 射線」的致命影響[63]

影片擷圖如下：

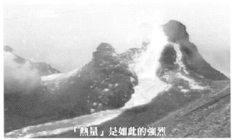

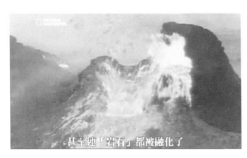

　　星球剛形成時，仍會不斷的遭受「碎片隕石、流星雨」的攻擊，科學
家說至少地球曾經遭受隕石攻擊長達二千萬年，所以早期的地球只是一

---

[63] 詳「科學新發現.地球的誕生」(National Geographic：Naked Science：Birth Of The Earth)。
　　2000 年 1 月播出。影片自 08:00～12:10。

種「熔岩海」如 National Geographic「地球全記錄」(Earth Making of a Planet)
中的影片擷圖：[64]

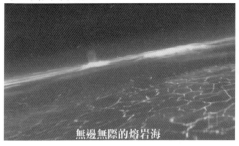
無邊無際的熔岩海

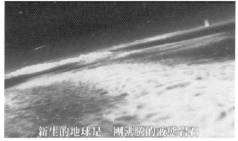
新生的地球是一團沸騰的液態岩石

然而它們轟炸地球超過兩千萬年

我們遭太陽系形成時剩餘的碎屑攻擊

　　《楞嚴經・卷四》經文又說「火騰水降，交發立堅。溼為巨海，乾
為洲潬。以是義故，彼大海中火光常起……是故山石，擊則成燄，融則
成水」。這段白話意思是說：「火性」會向上升騰飛，而「水性」則會向下
沉降，水與火，一騰一降，在不斷的交互發生後，就會累積成堅礙的「地
大」物質，成為「器世界」所安立之處。「地大」的「低溼處」會一直累積水
量，慢慢就會變成「巨海」。在「地大」水量少且較「乾燥」之處就會慢慢
形成為「陸地、島洲、沙潬」等。由這樣的義理緣故，所以「大海」之中
常常也會有「火光」騰起……又因為「高山大石」本來就含有「水分子」在
裡面，所以當「高山大石」在互相撞擊時，除了會有「火燄」發生外，當
高溫冷卻「融化」後就會釋放出很多的「水分子」來。

---

[64] 詳「地球全記錄」(National Geographic：Earth Making of a Planet)。2011 年 6 月播出。
　　影片自 08:20～09:06。

　　以上是《楞嚴經》提到「宇宙塵埃、碎片隕石」不斷的與「地大金輪」發生碰撞、摩擦，最終大地充滿著「火球、岩漿、爆炸、火光」現象，此與現代科學的發現是完全吻合的。

六、「水輪」由火光上蒸而成

　　《楞嚴經・卷四》云：寶明生潤，火光上蒸，故有「水輪」含十方界。[65]這段白話意思是說：「金銀寶礦」的「地大」本體原是「明淨」的，但在遇熱後便會產生似水的「濕潤之氣」，在「殞石」及「行星」撞擊地殼(地大)後，此時便會發生「大火光」，而被撞碎的「殞石」便在火光上釋放出大量的「水分子蒸氣」，當「殞石」不斷累積的撞擊地殼(地大)後，於是世界就有了「水輪」(水大)，能含蘊十方的國土世界。經文中說的「寶明生潤，火光上蒸」二句，《楞嚴經通議》中認為這二句應該是「文倒」，要轉過來才對，如云：「經云：寶明生潤等，此句文倒。應云：火光上蒸，寶明生潤。謂由火光上歠而蒸堅覺之寶，寶被火蒸，故生潤而水出，故有水輪含十方界也。」[66]而《楞嚴經正脈疏》對這二句的解釋可能更複雜難懂，如云：「寶明生潤者，蓋寶上之明，即含潤相，如珠光出水，即其驗也。火光上蒸者，火有蒸鬱之氣，即能成水，如盛熱時萬物多被蒸而出水也。然以寶明而又暎以火光，此水大所由起矣。」[67]筆者認為這二句其實只需作合理的翻譯解釋，並不會發生「文倒」及「難以理解」的問題。底下將引科學研究報告來說明「水輪」發生的原因。

　　在 National Geographic「科學新發現.地球的誕生」中說：

65　參《楞嚴經》卷 4。詳 CBETA, T19, no. 945, p. 120, a。
66　參明・憨山 德清《楞嚴經通議》卷 4。詳 CBETA, X12, no. 279, p. 569, c。
67　參明・交光 真鑑《楞嚴經正脈疏》卷 4。詳 CBETA, X12, no. 275, p. 283, a。

現在我們把海洋的存在認為是理所當然的，但是在四十五億年前，海洋它們還是不存在的⋯⋯我們地球上的水來自何方？它是又怎麼來到地球的？這是科學界諸多令人震驚的故事之一⋯⋯這是一塊「塔吉什湖」的「隕石」樣本⋯⋯因此這顆「隕石」大約20%的重量是水⋯⋯他們發現這顆「隕石」來自於太陽系的「小行星帶」的外層⋯⋯給地球帶來了水。如果他們是對的，我們地球的海洋就是來自於外太空，通過經歷如激流一般的「流星雨」的轟擊⋯⋯地球被轟炸後，當「小行星」在「撞擊」地球時，它們破碎「分解」，而存在於「小行星」中的「水」就會逃逸出來，隨著一次又一次的「撞擊」爆炸，它們便創造了今天我們看到的海洋。[68]

影片擷圖如下：

因此這顆「隕石」大約20％的重量是「水」

當「小行星」在「撞擊」地球上的時候

釋放
而存在於「小行星」中的「水」就逃逸出來

隨著一次又一次的「撞擊」爆炸，它們便創造了今天我們看到的「海洋」

從「科學新發現.地球的誕生」的影片研究中可得知，地球早期是沒

---

[68] 詳「科學新發現.地球的誕生」(National Geographic：Naked Science：Birth Of The Earth)。2000 年 1 月播出。影片自 25:13～34:52。

有水的，水是從「外太空」帶過來的，而「隕石」便是將水帶來地球的大功臣。原因是「隕石」大約有 20% 的水，當「隕石、流星雨」不斷的撞擊、轟炸地球，激起火花、岩漿，在撞擊的瞬間雖然產生「大火光」，但相對的，「隕石、流星雨」內的水份也會跟著「釋放」出來，而地球在經過二千萬年的轟炸後，於是變逐漸「累積」成地球的一片「大海洋」。如 National Geographic「地球全記錄」(Earth Making of a Planet)中說：

> 三十九億年前，我們的地求遭受太陽系形成時剩餘的「碎屑」攻擊，瞧瞧這些「流星隕石」裡這些奇怪的晶體，它們看起來像鹽粒般，流星隕石裡的內部有細小的水滴，看來這些致命的飛彈(流星、隕石、小行星)，可能含有賦予地球生命的關鍵要素。每顆隕石雖各只有微量約二成的水，然而流星隕石不斷的轟炸地球長達二千萬年，於是地球的水池便紛紛的出現，水開始聚集在堅硬的地球表面……未來我們喝的就是這種來自「外星隕石」帶來的水，我們現在在地球上所喝的每一口、每一灘水、以及海裡的每一滴水，都已有數十億年的歷史，這些水都是隨著流星隕石來到我們地球這裡的。[69]

影片擷圖如下：

「流星」（隕石）裏的內部有細小的「水滴」

瞧瞧這些「流星」（隕石）裏這些奇怪的「晶體」

---

[69] 詳「地球全記錄」(National Geographic：Earth Making of a Planet)。2011 年 6 月播出。影片自 08:30～09:52。

然而「流星、隕石」不斷的轟炸地球，長達超過「2千萬年」

未來我們喝的就是這種來自「外星隕石」帶來的「水」

從科學的研究報導來看，星球形成的順序，「水輪」的確是最後一個，先有「隕石」撞擊時發生的「火輪」，待「火輪」冷卻後，「水輪」即從隕石中「釋放」出來，此與《楞嚴經》所說的「是故山石，擊則成燄，融則成水」[70]是完全一樣的道理。而就在最近的 2015 年 7 月 24 日，中央社國際新聞報導中說：美國國家航空暨太空總署資助的研究團隊進行新的實驗室研究發現，太空中的「冰冷塵粒」可能得以製造「維他命 B3」，並透過隕石和彗星帶到地球來。「維他命 B3」也叫「菸鹼酸」，這是用來建構「菸鹼醯胺腺嘌呤二核苷酸」（NAD）的重要物質，而 NAD 正是推動人體「新陳代謝」的一個基本元素。[71]所以不只是「水輪」乃由外星隕石帶過來，連人類生命重要的「維他命 B3」也可能是由外星隕石帶過來的。

七、結論

本論探討了《楞嚴經》有關世界形成的 168 字經文與現代科學的輔證，內容重點是：真覺→無明妄心→空輪(空大)→風輪(風大)→金輪(地大)→火輪(火大)→水輪(水大)。所以宇宙世界發生的主因來自眾生一念「無明」與「妄心」，誠如《楞嚴經文句》所云：「此正明世界相續，不離一念無明心也。」[72]然而《楞嚴經》對「空、風、金、火、水」這五輪的最高義理不

---

[70] 參《楞嚴經》卷 4。詳 CBETA, T19, no. 945, p. 120, a。

[71] 以上可詳見網址的完整說明：http://www.cna.com.tw/news/firstnews/201507240141-1.aspx。

[72] 參明・蕅益 智旭《楞嚴經文句》卷 4。詳 CBETA, X13, no. 285, p. 281, b。

是「止」於科學上的研究分析而已,《楞嚴經》認為這五輪是:「隨眾生心,應所知量,循業發現。世間無知,惑為因緣及自然性,皆是識心分別計度,但有言說,都無實義。」[73]

　　茲舉「空大」來說,《楞嚴經》認為「空大」不離「真心本覺」與「空性」,「真心本覺」不離「空大」,如《楞嚴經・卷三》云:「性覺真空,性空真覺,清淨本然,周遍法界,隨眾生心,應所知量。」[74]以「風大」來說,風大即是空性,性空即是風大,如《楞嚴經・卷三》云:「性風真空,性空真風。」[75]以「地大」來說,地大即是空性,性空即是地大,如《楞嚴經・卷三》云:「性色真空,性空真色。」[76]以「火大」來說,火大不離空性,性空不離火大,如《楞嚴經・卷三》云:「性火真空,性空真火。」[77]以「水大」來說,水大不異空性,性空不異水大,如《楞嚴經・卷三》云:「性水真空,性空真水。」[78]

　　生起宇宙星球的這「五輪」是不離「空性、如來藏性」的,如《楞嚴經・卷三》云:「若此虛空,性圓周遍,本不動搖,當知現前『地、水、火、風』均名五大,性真圓融,皆如來藏,本無生滅。」[79]完整詳細的說即是:從「如來藏性」中所影現出來的「五輪」,其本體不離「真空」,具「清淨本然、離一切相」之性。而在「如來藏性」中所具之「五輪」,亦能隨緣起妙用而影現出「如幻似真」之「五輪」,具有「周遍法界、即一切法」之妙用。

---

[73] 參《楞嚴經》卷 3。詳 CBETA, T19, no. 945, p. 117, c。
[74] 參《楞嚴經》卷 3。詳 CBETA, T19, no. 945, p. 118, c。
[75] 參《楞嚴經》卷 3。詳 CBETA, T19, no. 945, p. 118, b。
[76] 參《楞嚴經》卷 3。詳 CBETA, T19, no. 945, p. 117, c。
[77] 參《楞嚴經》卷 3。詳 CBETA, T19, no. 945, p. 117, c。
[78] 參《楞嚴經》卷 3。詳 CBETA, T19, no. 945, p. 118, a。
[79] 參《楞嚴經》卷 3。詳 CBETA, T19, no. 945, p. 118, b。

也就是「五輪」之性本屬於「如來藏性真心」之「緣現」，故其性「從本以來」皆清淨，具「離一切相、無我、無自性」之本體；而「五輪」之性亦可隨「眾因緣」而起現行，具「周遍十方法界」、能「即一切法」的妙用。「五輪」能隨著不同「眾生」的心識而顯現，能「相應」於他所知道、所思量的方式而起「隨緣」之業用。由此可知《楞嚴經》對「五輪」的「體相用」哲理發揮了最高境界的「了義」思想，這也是當今科學研究所不能及之處。

中國科學技術大學前校長暨中國科學院院士朱清時曾於「物理學步入禪境：緣起性空」一演講中說：「當科學家千辛萬苦爬到山頂時，『佛學大師』已經在此等候多時了」！[80]德國最有名的物理科學權威阿爾伯特・愛因斯坦(Albert Einstein 1879-1955)也這麼說：「佛學是一切真正科學的原動力」。[81]二十一世紀的許多科學新發現，幾乎每一件都可成為佛教經典的「詮釋」或「旁證」，早在一千三百多年前所翻譯的《楞嚴經》對宇宙星球世界形成的描述，與現代科學的詮釋，將會讓你對佛教經典再三讚歎不可思議。期望這篇〈從《楞嚴經》中探討「世界相續」的科學觀〉，能帶給愛好《楞嚴經》及喜歡研究科學的廣大讀者更多的啟發。

---

[80] 詳見 2009 年 3 月 8 日，朱清時發表《物理學步入禪境：緣起性空》的宣傳佛教演講，認為當代物理學「弦理論」就是佛教的「緣起性空」觀點，詳見網址 http://fo.ifeng.com/zhuanti/shijiefojiaoluntan2/lingshanhuichang/fojiaoyukexue/200903/0328_360_54420.shtml。

[81] 此句出處請參考《愛因斯坦論宗教與科學》（英漢對照，原題：《Science, Philosophy and Religion, A Symposium》, published by the Conference on Science, Philosophy and Religion in Their Relation to the Democratic Way of Life, Inc., New York, 1941.。本文不同的譯文亦見於《愛因斯坦晚年文集》北京大學出版社，2008 年。題目是：「科學與宗教」，頁 17-24。或參考《愛因斯坦論佛教》。譯自 Albert Einstein： 《The Human Side》, edited by Helen Dukas and Banesh Hoffman, Princeton University Press，1954 年普林斯頓大學出版社出版。

參考文獻

一、藏經部份

（底下皆從 CBETA 電子佛典集成 April 2014 中所檢索）

《大佛頂如來密因修證了義諸菩薩萬行首楞嚴經》。詳 CBETA, T19, no. 945。

《楞嚴經通議》。詳 CBETA, X12, no. 279。

《楞嚴經秘錄》。詳 CBETA, X13, no. 283。

《楞嚴經寶鏡疏》。詳 CBETA, X16, no. 316。

《楞嚴經圓通疏》。詳 CBETA, X12, no. 281。

《楞嚴經正脈疏》。詳 CBETA, X12, no. 275。

《首楞嚴義疏注經》。詳 CBETA, T39, no. 1799。

《楞嚴經指掌疏》。詳 CBETA, X16, no. 308。

《楞嚴經精解評林》。詳 CBETA, X15, no. 301。

《楞嚴經講錄》。詳 CBETA, X15, no. 299。

《楞嚴經文句》。詳 CBETA, X13, no. 285。

二、一般著作

宣化上人《大佛頂首楞嚴經淺釋》卷上。法界印經會出版。2005 年 8 月。

三、科學影片

「科學新發現.地球的誕生」(National Geographic：Naked Science：Birth Of The Earth)。2000 年 1 月播出。

詳「地球全記錄」(National Geographic：Earth Making of a Planet)。2011 年 6 月播出。

Discovery 頻道，《從地球到宇宙：宇宙大撞擊・星系的碰撞中說》。2009 年 11 月播出。

四、從《楞嚴經》中探討八指頭陀燃指的行門意義

發表日期：2016 年 11 月 21 日天童寄禪禪師與民國佛教(第三屆天童禪宗文化研究交流大會)。當天與會學者為本文提供諸多寶貴意見，經筆者多次修潤後已完成定稿。

從《楞嚴經》中探討八指頭陀燃指的行門意義

陳士濱

宏國德霖科技大學‧通識中心‧副教授

全文摘要

眾所皆知，天童寺的八　　　　於二十七歲時，便在阿育王寺燃掉二指供佛。歷代有關　　　　文與議題本來就非常的多，本文將重新探討《楞嚴經》　　　　文的正確詮釋，並引用大量的經論來說明這個問題。在　　　　　的說「斷指」是因為怕毒蛇液侵入而故意「斷指」，故佛　　　　吉羅罪」；而「燒指、燃指」在《法華經》、《楞嚴經》中　　　　者佛」的「菩薩發心」行門之一。所謂的「斷指」與「燃指」顯然是不同的，而歷代各宗祖師在詮釋「斷指」與「燃指」時，幾乎混同一談，本文將詳細研究原始的經論義理，最終對「燃指臂香」的行門提出「應予讚嘆而不大力提倡」十個字。

關鍵詞：

全文摘要

　　眾所皆知，<u>天童寺</u>的<u>八指頭陀敬安</u>大師於二十七歲時，便在<u>阿育王</u>寺燃掉二指供佛。歷代有關「燃指」相關的論文與議題本來就非常的多，本文將重新探討《楞嚴經》中有關「燃指」一文的正確詮釋，並引用大量的經論來說明這個問題。在《十誦律》上明確的說「斷指」是因為怕毒蛇液侵入而故意「斷指」，故佛制「斷指」為「犯突吉羅罪」；而「燒指、燃指」在《法華經》、《楞嚴經》中都是指向「供養諸佛」的「菩薩發心」行門之一。所謂的「斷指」與「燃指」顯然是不同的，而歷代各宗祖師在詮釋「斷指」與「燃指」時，幾乎混同一談，本文將詳細研究原始的經論義理，最終對「燃指臂香」的行門提出「應予讚嘆而不大力提倡」十個字。

關鍵詞：
八指頭陀、斷指、燃指、燒臂、十誦律、楞嚴經

一、前言

　　敬安 寄禪大師，生於清・咸豐二年(公元 1851~1912 年)，別號「八指頭陀」。俗家名為黃讀山，為湖南 湘潭人，自稱是宋代黃山谷的後裔。清・同治七年(西元 1868 年)，時十六歲，至湘陰的法華寺從東林和尚剃度出家，取法名為敬安，字寄禪，冬天則在南嶽 祝聖寺從賢楷和尚受比丘大戒。後又至衡陽 岐山 仁瑞寺，從恒志和尚學禪。一面隨眾修學參禪，一面還承擔寺內的勞役工作，共度過了五年的苦行僧生活，這也是大師「頭陀苦行」的開始。在數年後，敬安大師便遊學於江、浙一帶，過著「樹皮蓋屋，僅避風雨，野蔬充腸，微接氣息」[1]的清苦生活，如云：「遇嶽穀幽邃，輒歡詠其中，飢渴時，飲泉和柏葉下之」。[2]大師平日更喜歡將《楞嚴》、《圓覺》諸經雜和《莊子》、《離騷》來做詩歌，如云：「喜以《楞嚴》、《圓覺》雜《莊》、《騷》以詞，人目為狂。」[3]

　　敬安大師在文學上不僅是一位「詩僧」，他的「頭陀苦行」精神也更是不可思議，從二十七歲時，便在寧波的阿育王寺舍利塔前燃去「二指」，並剜「臂肉」燃燈供佛，如大師在「自笑」一詩中云：「割肉燃燈供佛勞，了知身是水中泡，祇今十指惟餘八，似學天龍吃兩刀。」[4]大師還「燃頂」至到腹部之處，共有 108 處，手上兩臂也有多處「燃臂」的連結點，絕對

---

[1] 參《八指頭陀詩集・卷六》頁 286。詳《續修四庫全書・一五七一・集部・別集類》。上海古籍出版社。

[2] 參《新續高僧傳》卷 65：清四明天童寺沙門釋敬安傳(精一)。詳《卍續藏》第二十七冊頁 474 上。

[3] 參《新續高僧傳》卷 65：清四明天童寺沙門釋敬安傳(精一)。詳《卍續藏》第二十七冊頁 474 上。

[4] 參《八指頭陀詩續集・卷一》頁 421。詳《續修四庫全書・一五七一・集部・別集類》。上海古籍出版社。

是體無完膚的菩薩行。[5]

敬安大師曾根據《百丈清規》而制訂了《萬年規約》和《日行便覽》，凡上自方丈，下至各寮，均得奉以為法，永遠遵守；並數次為眾僧開講《楞嚴經》、《禪林寶訓》，以續佛慧命，紹隆佛種。

大師與《楞嚴經》的因緣非常深厚，與《楞嚴經》相關的詩辭意境，簡介如下：

何來六賊戲彌陀，都是心中自起魔，迷時六根為六賊，悟時六賊六波羅。[6]
——《八指頭陀詩續集·卷一》題曰六賊戲彌陀，蓋取《楞嚴》六根為賊。

---

[5] 敬安大師雖然一生頭陀苦行，但壽謹 62 歲，而且其臨終也並「不圓滿」，很多資料記載皆作其「憤懣而死」。據長沙 開福寺戒園和尚所藏手抄件《詩僧八指頭陀遺事》所載：「民國以後，湘中法華寺產為宮中所據，上人(寄禪)被推為中國佛教會會長，二年(即 1912 年冬十月)入京，請願發函，與內務部禮俗司司長杜某言語抵悟，杜大怒起，批其頰，上人(寄禪)氣憤難宣，歸所寓法源寺，一夕憤懣而死。」又據 1984 年長沙 嶽麓書社編印《八指頭陀詩文集》中，梅季所編《八指頭陀年表》載：「民國元年壬子(即 1912 年)……當晚回法源寺，胸膈作痛，示寂。」另據《佛光大辭典》云：「1912 年春，請求南京臨時政府保護寺產。未久，與成立不久之北京政府發生衝突，憤極而客死法源寺。」當時的《民報》還另載：「寄禪與之辯論，杜氏持之甚堅，且多淩滅，寄禪氣憤難宣，歸即氣痛，晚飯不能下嚥……道階力寬慰之……與之夜談至十二下鐘，歸寺，仍念湖南廟產事，憤慨不已。道階勸之就枕，不能寐，複起，再睡，轉側。久不聞聲，道階近撫其首，氣已絕矣。各界聞之，皆難其謝世之速，而憤杜某之可惡。」如果以現代醫學來說，可能指的應就是「受辱憤氣」，患「腦溢血」而往生，敬安大師臨終的「不圓滿」是無可諱言的一件事。以上資料筆者已參考黃曾甫撰〈洞庭波送一僧來--兼談詩僧八指頭陀寄禪之死〉一文(網路有電子全文)。詳湖南文史通訊。1989 年 1 月。及《詩僧示寂》，《佛教學報》，第三期《紀事》，1912 年 12 月 1 日出版。第 5 頁。

[6] 參《八指頭陀詩續集·卷六》頁 426。詳《續修四庫全書·一五七一·集部·別集類》。上海古籍出版社。

澄什此結轍，旃檀萃一林，浮空無熱翠，助梵有幽禽，荷荑消殘暑，雲雷送晚陰，三乘隆白業，半偈賤黃金，座上曇花現，空中寶蓋臨，羣沾甘露味，大轉法輪音，妙契車牛喻，澄觀水月心，冷然諸籟寂，不受一塵侵。[7]

——七月初三西禪寺聽明果心法師講《楞嚴經》作此，奉讚並呈天首座法林諸道人

〈赤山法忍心禪師塔銘〉

又言末法之世，禿頭外道專用邪智，穿鑿古人言句，盲箋混釋炫賣多聞，無知奉為祕典，此《楞嚴》所謂刻人糞為旃檀形者，斷佛送佛祖慧命，莫此為甚，其痛心宗教如此。[8]

〈伯牙臺〉

至理本無言，至聽本無音。誰能返耳根，聽弄無絃琴？[9]

從上述的詩文中，可看出八指頭陀與《楞嚴經》深厚的因緣，所以大師的「燃指臂香」行門一定深受《楞嚴經》的影響過。

二、有關燃指、燒臂、剜臂肉的經典説明

---

[7] 參《八指頭陀詩續集・卷六》頁 389。詳《續修四庫全書・一五七一・集部・別集類》。上海古籍出版社。

[8] 參《八指陀陀襍文》，頁 515。詳《續修四庫全書・一五七一・集部・別集類》。上海古籍出版社。

[9] 參《八指頭陀詩續集・卷五》，頁 380。詳《續修四庫全書・一五七一・集部・別集類》。上海古籍出版社。詩中所說「誰能返耳根」，乃援引《楞嚴經》〈耳根圓通〉之「反聞聞自性」之意，末句則是將陶潛所言：「但識琴中趣，何勞絃上聲？」呼應「反聞聞自性」的奧妙。

「燃指」是指燃燒手指，又稱為「燒指供養」。與「燃指」有關且最常見的經典約有三部，如《法華經》云：「若有發心欲得阿耨多羅三藐三菩提者，能燃手指，乃至足一指，供養佛塔，勝以國城、妻子，及三千大千國土山林河池、諸珍寶物、而供養者」。[10]如《楞嚴經》云：「若我滅後，其有比丘，發心決定，修三摩地，能於如來，形像之前，身燃一燈，燒一指節，及於身上，爇一香炷。我說是人，無始宿債，一時酬畢，長揖世間，永脫諸漏」。如《梵網經》云：「若不燒身、臂、指，供養諸佛，非出家菩薩。乃至餓虎狼師子一切餓鬼，悉應捨身肉手足而供養之」。[11]

一般皆以燃「無名指」或「小指」為主，燃「無明指」大多與「無明煩惱」有關。有關燃指的方式，大同小異，略述如下：

首先必須要把心中要發的「大願」寫在疏文上，[12]大約在前一天，把要燃掉指頭的第一指節用「棉線」纏緊，不能過血，就是讓它壞死的意思，在第一指節的關節處還要用「細鐵絲」勒緊，防止「棉線」被燒斷後造成血液流出。其次再準備一個小毛巾，和一些泥，把所要燃的指節露出，

---

[10] 參《妙法蓮華經》卷 6〈藥王菩薩本事品 23〉，詳《大正藏》第九冊頁 54 上。

[11] 參《梵網經》卷 2，詳《大正藏》第二十四冊頁 1006 上。近代經望月信亨、大野法道、鎌田茂雄、湯用彤等中日學者的研究，《梵網經》屬於「疑偽經」幾已成定論。據聖嚴法師考據云：「《梵網經》，據境野黃洋、望月信亨、大野法道、佐藤達玄等人的推定，準是成立於中國本土。雖其一向被認定是鳩摩羅什譯，且有僧肇寫序，然經過近代學者的考察，我們必須承認此經不是來自印度。但其出現的時代相當早，大約是在西紀四百八十年至五百年之間的事」。詳聖嚴《戒律學綱要》（台北：東初出版社，1989 年），頁 253~254。太虛大師則認為《梵網經》跟《大乘瑜伽金剛性海曼殊室利千臂千鉢大教王經》部分義旨相同，因此必有「梵文」根據，不會全部都是偽經。

[12] 例如發願說：願燃指微小之火，點燃盡虛空遍法界，十方世界所有智慧之光，驅逐所有無明黑暗，永不熄滅。並以此光明莊嚴諸佛國土，以報佛恩。或說：願盡虛空遍法界，十方世界所有眾生，若我有緣，若我無緣，皆共有緣，令發菩提心。眾生度盡，方證菩提、眾生未盡，不取正覺。或說：願所有沙門釋子，諸佛弟子，修行精進，破除我執、法執，早證菩提聖賢之果，法輪常轉，令正法久住。

除此外，其餘所有的手指和手掌都要用泥包住，以防止燙傷。最後準備好「酥油、脫脂棉」和一個鑷子(燃指時要用)。用「脫脂棉」將所要燃的指頭包住，並澆滿「酥油」，把指尖部分的「脫脂棉」撚成「燈芯」般的粗細，就可以開始燃指了。在整個過程當中，旁邊只需要有一個人用一把「鑷子」把燃燒形成的「黑炭」挑剔出來，如果燃燒情形不好時，還需要再重新添加「酥油」，調整一下棉花，幫它助燃，平均需要一小時的時間即可燃燒完畢。燃指後，安全起見，最後到醫院去做「消毒、切截、縫合、破傷風」等處理。再吃三天的消炎藥，約二十一天後，如果沒有任何感染、疼痛，即可拆線。但也有人燃指並沒有採用完整的「流程方式」，直接簡單的方式就馬上進行了，例如南普陀的祖修法師，師於 2015 年 6 月 21 日，從廈門到廣州，再到雲南的雞足山，三步一拜，拜了 2700 多公里，於 2016 年 7 月 9 日到達，歷時 384 天。當祖修法師到達雞足山後，便直接在「華首門」燃指供佛！[13]

　　歷代祖師有燃掉一指、二指、三指……乃至「十指」皆燃盡者。例如唐·無染大師就是「十指燃盡」。[14]唐·息塵大師燃八指。[15]北宋·慈雲懺主遵式大師燃七指。[16]宋·介然大師燃六指。[17]宋·法宗大師燃五指。[18]元·棲巖益公大師燃四指。[19]北宋知禮大師燃四指。[20]唐·慧明大師燃三

---

[13] 參見 http://www.news01.cc/post114305 南普陀祖修法師三步一拜，從廈門到大理雞足山後，點燃手指，燃指供佛。

[14] 參《宋高僧傳·卷二十三》，詳《大正藏》第五十冊頁 856 上。

[15] 參《宋高僧傳·卷二十三》，詳《大正藏》第五十冊頁 858 上。

[16] 參《補續高僧傳·卷二》。云「十指惟存其三，崇寧三年，賜號法寶大師。紹興中，又諡懺主禪慧雲。」詳《卍續藏》第七十七冊頁 374 上。，

[17] 參《淨土聖賢錄·卷三》，詳《卍續藏》第一三五冊頁 260 下。

[18] 參《淨土聖賢錄·卷三》，詳《卍續藏》第一三五冊頁 258 下。

[19] 參《補續高僧傳·卷四》，云：師戒律精嚴，終身壞衣粗食，燃四指以煉心。詳《卍續藏》第七十七冊頁 389 中。

[20] 參《角虎集·卷二》，云：「尊者，法名知禮，述妙宗傳教觀，常燃四指供佛，求生西方，更欲焚身歸淨土。」詳《卍續藏》第六十二冊頁 223 下。

指。[21]除此外尚有南齊·法凝大師。[22]北齊·僧範大師。[23]梁·憑尼大師。[24]隋·慧斌大師。[25]隋·僧昕大師。[26]唐·法恭大師。[27]唐朝的光湧大師燃指報法恩、親恩等等。[28]

近代則有清·如會大師燃六指。[29]清·省庵大師、[30]寄禪大師、[31]虛雲大師、[32]振光大師[33]……等等諸師傳記中,皆載有「燒指供養」之行。

---

[21] 參《宋高僧傳·卷二十三》,詳《大正藏》第五十冊頁 859 下。

[22] 文載大師:「初燒一指,畫夜不動,火燃及臂,諸人與弟子欲往撲滅,及有叫喚者,復有禁止不聽者,臂燃火焰彌熾,遂及身」。參《續高僧傳·卷二十七》,詳《大正藏》第五十三冊頁 678 中。

[23] 文載大師:「思附法門,燒指而修供養」。《續高僧傳·卷八》,詳《大正藏》第五十冊頁 483 中。

[24] 文載大師:「菜蔬一食,戒行精苦,燒六指供養,皆悉至掌」。參《比丘尼傳·卷四》,詳《大正藏》第五十冊頁 946 中。

[25] 文載大師:「誦《法華經》,初誦經竟,即燃左手第四指,以爲供養……身亡以後,形體長大,倍於平昔。斂以舊衣,三分蔽一,道俗驚異,莫詳其理」。參《弘贊法華傳·卷七》,詳《大正藏》第五十一冊頁 33 下。

[26] 文載大師:「解衣爲幟,燒指爲燈,竟夕供養」。參《續高僧傳·卷二十六》,詳《大正藏》第五十冊頁 673 中。

[27] 文載大師:「幽居於武丘山焉,燒指供心,痛惱之情頓遣」。參《續高僧傳·卷十四》,詳《大正藏》第五十冊頁 535 下。

[28] (850~938)。又稱光湧,五代僧,光湧燃第三指以報法,燃第二指以報親。詳於《禪林僧寶傳·卷八》、《五燈會元·卷九》、《聯燈會要·卷十》、《全唐文·卷八七〇》。詳《卍續藏》第一三七冊頁 475 上。

[29] 參《淨土聖賢錄·卷六》。詳《卍續藏》第一三五冊頁 303 下。

[30] 大師禮阿育王塔,嘗以佛涅槃日大合緇白,廣修供養燃指,佛前發四十八大願。詳於《淨土聖賢錄·卷六》。詳《卍續藏》第一三五冊頁 312 上。

[31] (1851~1912)。湖南 湘潭人,大師於岐山下阿育王寺禮佛舍利,自割臂肉,復燃左手兩指,自稱「八指頭陀」。參見《八指頭陀詩集》所附傳略及《佛光大辭典》頁 288。

[32] (1840~1959)。湖南 湘鄉人。大師於五十八歲時,因重病時而發願燃指報母恩。詳於《虛雲老和尚年譜法彙增定本》頁 50。

[33] (1927~1988)。湖南 嶽陽人。曾在佛前二度燃指,並多次刺血,書成經咒數部,及佛門警語八十餘幅。參見《佛光大辭典》頁 4116。

另一種類似「燃指供養」的就是最常見的「燃臂」行門，也就是在手臂上燃香來供養佛，一般是在受「菩薩戒」時才燃臂，近幾年來受「三壇大戒」時也有選擇用燃臂的方式了。在手臂上有燃上 1 炷、3 炷、9 炷、21 炷、49 炷，乃至 100 炷以上，例如民國戒心大師共燃臂香 96 炷，[34] 而明朝的蕅益大師燃臂香則多達 500 炷以上，想必大師一定是「體無完膚」了，[35] 亦有燃於胸前[36]或燃於背上者。

有關「燃臂、燒臂」的經文，在《楞嚴經》只有說「於身上蓺一香炷」，並沒清楚說是要燃在「臂」上，經文有明確說是燃在臂上的，約有五部。如《梵網經》云：「若不燒身、臂、指，供養諸佛，非出家菩薩」。[37]如《月燈三昧經》中說有一位安隱德菩薩為了供養佛而燃右臂，經云：「安隱德菩薩見於大眾在於塔前為聽法故，即於其夜在佛塔前，衣纏右臂，以油塗之，為供養佛故，而熾然之。時安隱德菩薩住增上信、求阿耨多羅三藐三菩提，燃右臂已，其心無異、顏色不變。」[38]

在《大寶積經》中說釋迦佛的「前生」曾經為一位仙人，後來為了照

[34] 詳於《淨土聖賢錄・下冊》頁 30。台中蓮社印。79、3。

[35] 據《靈峰宗論》卷一之願文中所載，蕅益大師對於燃臂的「頻數」，可謂多到難以計數！略舉《靈峰宗論》卷一之一至四，願文計有五十七篇，有燃香者，四十七篇。燃頂香者，七次，計 33 炷。燃臂香者，計有二十五次，共 258 炷；只書燃香者，有二十次，計有 168 炷；總計 459 炷。以上是有數目可計算，如果再加上「不書炷數」者的話，則蕅益大師自三十歲起，至五十六歲，共二十七年間，燃香炷將近 500 炷以上。燃臂都是有發願的，例如：為報恩繼志心、追薦已往度脫心、勸請轉法隨喜心、代除邪謬悲救心、為諸親友朋宏濟心、為諸檀護宏法心……等，所以日僧光謙在《靈峰宗論》重刊的序文中便云：「讀蕅益《宗論》，而不墮血淚者，其人必無菩提心」。另外《印光法師嘉言錄》頁 197 亦提及「靈峰老人日持《楞嚴》、《梵網》二經，故於燃香一事頗為頻數」。

[36] 如近代美國萬佛聖城已圓寂的開山祖師宣化大師。其燃卍字於胸前。詳見《宣化老和尚追思紀念專集》第二冊頁 40。

[37] 參《梵網經》卷 2，詳《大正藏》第二十四冊頁 1006 上。

[38] 參《月燈三昧經・卷七》。詳《大正藏》第十五冊頁 598 上。

亮商人而燃雙臂，經云：「於過去世有賈客眾，夜行失道入於邪徑。夜黑闇故不知所趣……仙人即時以大音聲告諸賈客：『汝等勿畏，我今相救，當作光明示汝正道。』爾時仙人安慰告諸賈客已，即以疊衣纏裏兩臂，以油遍灌以火燃之，與諸賈客光明示道……我於爾時雖燃兩臂，身心不異……目連！汝謂爾時外道仙人，為諸賈客燃臂照道，豈異人乎？勿作是念，即我身是。」[39]

如《悲華經·卷九》載世尊昔為燈光明轉輪王時，曾燒手臂七日七夜照亮道路，讓失道的五百商人得以獲救，如經云：「以是善根因緣，今燃此臂為示道故。令是諸商安隱得還閻浮提中，燃臂乃至七日七夜，此諸商人尋便安隱還閻浮提。善男子！我於爾時復作善願，若閻浮提無諸珍寶，若我必成阿耨多羅三藐三菩提。」[40]另一部是《賢愚經·卷六》載世尊往昔做「薩簿」時，曾自纏「兩臂」以「酥油」燒之成火炬，照亮黑暗，進而整救了五百賈客。[41]

在史傳部中記載「燃臂」的高僧也很多，如《續高僧傳·卷二十五》載隋·慧雲大師知梁朝國將亡盡，為救潛兵災劫難，竟「燃臂為炬」，期能攘斥災禍，[42]慧雲大師的「燃臂為炬」與《悲華經》和《賢愚經》記載世尊往昔行菩薩道的故事相似。還有隋朝的大志禪師，為了祈願皇帝能興隆「三寶」，所以採取「燃臂」以報國恩。[43]唐·慧雲大師則「於像前以刀

---

[39] 參《大寶積經》卷79〈大悲品 6〉。詳《大正藏》第十一冊頁 451 上。

[40] 詳《大正藏》第三冊頁 227 中。或同見於《經律異相·卷二十四》，《大正藏》第五十三冊頁 130 中—下。文末標示出《過去香蓮華佛世界經》。

[41] 經文載：「是時薩簿，即以白氈，自纏兩臂，酥油灌之，燃用當炬，將諸商人。經於七日，乃越此闇，時諸賈客感戴其恩，慈敬無量，各獲安隱，喜不自勝，佛告阿難，爾時薩簿豈異人乎！我身是也」。詳於《大正藏》第六冊頁 393 中。或見《經律異相·卷四十三》之「薩簿燃臂濟諸賈客六」。《大正藏》第五十三冊頁 224 上。

[42] 詳於《大正藏》第五十冊頁 650 中。

[43] 如《佛祖統紀·卷九》云：「禪師大志，會稽顧氏，依智者出家……晚住福林，會

解臂，蠟布纏骨而燒焉」。[44]隋·<u>法朗</u>（507～581）大師甚至「燃臂腳及手，申縮任懷，有若龜藏」。[45]而南朝<u>梁</u>代禪宗著名之尊宿<u>傅翕</u>（497～569）大士(即<u>善慧大士</u>)，一生徒眾甚多，講經說法不輟，卻每率徒眾「焚指燃臂」以供佛之舉。[46]……等等。

　　八指頭陀<u>敬安</u>大師除了「燃指、燒臂」行門外，他還實行過「剜臂肉」去「燃燈供佛」的行門，其實這類的經典記載是最多的，例如《大般涅槃經》中說，菩薩為了追求「甚深法義」，寧可「剜身為燈，氈纏皮肉，蘇油灌之，燒以為炷」。[47]類似的經文還有《菩薩本行經》、[48]《大方便佛報

大業中屏除佛教。師素服哭於佛像前者三日，誓捨身，申明正道。遂往東都上表曰：願陛下興隆三寶，貧道當燃臂報國。上許之。遂集七眾設大齋，絕糧三日，升大棚，布裹其臂，灌蠟作炬，度火燃之，光耀巖坰。見者莫不心痛，師面色不變，讚佛誦經為眾說，聲未嘗絕，燒畢下棚，入定七日，跏趺而終」。詳《大正藏》第四十九冊頁 198 中。

[44] 《續高僧傳·卷二十九》，詳於《大正藏》第五十冊頁 699 上。或見於《法苑珠林·卷三十三》，《大正藏》第五十三冊頁 546 下。

[45] 《續高僧傳·卷二十五》，詳於《大正藏》第五十冊頁 650 下。

[46] （497～569）。經上載：「<u>太清二年</u>（549）大士誓不食，取佛生日焚身供養，至日白黑六十餘人代不食燒身，三百人刺心瀝血和香，請大士住世，大士潛而從之」。詳於《善慧大士語錄》、《景德傳燈錄·卷二十七》、《神僧傳·卷四》。《大正藏》第五十一冊頁 430 下。

[47] 參《大般涅槃經·卷三十》〈師子吼菩薩品 23〉云：「菩薩為法因緣，剜身為燈，氈纏皮肉，蘇油灌之，燒以為炷。菩薩爾時受是大苦，自呵其心而作是言：『如是苦者，於地獄苦百千萬分猶未及一。汝於無量百千劫中，受大苦惱都無利益。汝若不能受是輕苦，云何而能於地獄中救苦眾生？』菩薩摩訶薩作是觀時，身不覺苦，其心不退、不動、不轉。菩薩爾時應深自知：『我定當得阿耨多羅三藐三菩提。』」詳《大正藏》第十二冊頁 803 下。

[48] 參《菩薩本行經》云：「大王即便持刀授與左右，勅令剜身作千燈處，出其身肉深如大錢，以酥油灌中而作千燈。安炷已訖，語婆羅門言：『先說經法，然後燃燈。』」詳《大正藏》第三冊頁 113 中。

恩經》、[49]《賢愚經》、[50]《大方等大集經菩薩念佛三昧分》[51]……等。除了出家法師有「剜臂肉燃燈供佛」的行為，連在家居士都有，例如明朝的<u>程季清</u>居士也曾經這樣修過。[52]

從經論與史傳高僧的行門來說，「燃指、燒臂、剜臂肉」確實存在佛法中的一種特殊行門，亦是大乘菩薩修行的法門之一。

三、《楞嚴經》中的燃指真義

《楞嚴經》提到在身上燃上一盞燈，或燒掉一個指節，或在身上焚熱上一炷香來進行種種「供養佛陀」的行門是出自《楞嚴經・卷六》，經云：

> 若我滅後，其有比丘，發心決定修三摩提，能於如來形像之前，身

---

[49] 參《大方便佛報恩經・卷二》〈對治品 3〉云：「若能就王身上，剜作千瘡，灌滿膏油，安施燈炷，燃以供養者，吾當為汝解說佛法。若不能者，吾欲起去。」詳《大正藏》第三冊頁 133 下。

[50] 參《賢愚經》卷 1〈梵天請法六事品 1〉云：「大王今日，能於身上剜燃千燈用供養者，乃與汝說。」詳《大正藏》第四冊頁 349 下。

[51] 參《大方等大集經菩薩念佛三昧分・卷六》〈佛作神通品 7〉云：「自剜身肉然多燈，彼為菩提光明故。我又復見清淨身，於諸佛前常立住。」詳《大正藏》第十三冊頁 852 上。

[52] 如《居士傳・卷四十八》云：<u>程季清</u>，名文濟，法名通慧……謁高峰禪師塔，不覺痛哭，剜臂肉為供，遂矢志參究……居常讀《華嚴經》及《發菩提心論》，聲淚俱下，自號<u>十願</u>居士。里中放生、度鬼、禮懺、誦經諸會，必<u>季清</u>為之導……<u>季清</u>亦喪子，乃閉戶謝客，專修丈六佛身觀……妻<u>盧</u>氏，法名智福，仁而好施，長齋，日課佛名二三萬，年三十九疾病……<u>盧</u>氏深有省，課佛名益切，徹夜不休。閱半月，親見化佛來迎。急索香水沐浴，西向叉手，連稱佛名而逝。<u>季清</u>雖修佛觀……又言後身當作國王，或諸天神，弘法護世。<u>靈峰 蕅益</u>法師聞而訶之，已而告師曰：邇來始信生西要訣，須是放得娑婆下耳，師稱善。<u>順治</u>八年秋，嬰腹疾，繪西方佛像懸室中以助觀力，吉祥而逝。居七日，見夢於長女曰：吾已向<u>吳門</u>四十里外作大叢林護伽藍神矣（《靈峰宗論》）」。詳《卍續藏》第八十八冊頁 276 下。

燃一燈，燒一指節，及於身上蒸一香炷。

我說是人無始宿債，一時酬畢，長揖(拱手高舉➜喻永辭)世間，永脫諸漏。

雖未即明無上覺路，是人於法，已決定心。

如果有像這樣「難行苦行」的修行人，其無始劫以來所造的「宿世業債」，將可一時酬償完畢。在此世色軀緣滅後，將可永辭世間生死輪迴，永遠脫離各種有漏諸行，獲得「解脫身」。此人雖未能立即明白菩薩「法身」的「無上正等正覺」路，仍未證如來「法身」，但這個人對「法身」已得「決定心」，將來必證無疑。

但底下的經文又說：

必使身心二俱捐捨；身肉、骨血與眾生共。不將如來「不了義說」，迴為已解，以誤初學，佛印是人得真三昧。

上面的這段經文只出現在「戒偷盜」一文中，佛意謂著：請不要誤解佛意，以為只需修習「燒身、燃臂香」即可完全滅罪了生脫死，別的法門都不必修習了。所謂的「身心俱捨」是指需要「不著相」的施身與燃臂香，而不是只在「身相」上的「捨」來獲得修行的成就。絕不將如來一時所說的「不了義說」，用來「迴護包庇」自己的過失；來替自己已犯的錯誤作辯解，並以此「不正的知見」來誤導「初學佛法」的人。那這樣對於「身心俱捨」(含燃身臂指的行門)就出現何謂「了義」與「不了義」的區別了，「了義」就是指身與心兩俱皆捨的「三輪體空」。如民國印光大師所說：

如來於《法華》、《楞嚴》、《梵網》等大乘經中，稱讚苦行。令其燃「身、臂、指」，供養諸佛。對治「貪心」及愛惜保重自身之心。此法於六度中仍屬「佈施度」攝。以佈施有內外不同。外則國城、妻子，

內則頭目髓腦。燃香、燃身，皆所謂「捨」，必須「至心懇切」，仰祈三寶加被。唯欲「自、他」業消、慧朗、罪滅、福增。(言自他者，雖實為己，又須以此功德，迴向法界眾生，故云自他)。絕無一毫為求「名聞」，及求世間「人天福樂」之心，唯為上求佛道、下化眾生而行，則功德無量無邊，不可思議。所謂「三輪體空、四弘普攝」。功德由心願而廣大，果報由心願而速獲。其或心慕「虛名」，徒以「執著」之心，效法「除著」之行。且莫說燃臂香，即將「全身」通燃，亦是無益苦行。以「執著」心，求名譽念。既無「三輪體空」之解，又無「四弘普攝」之心。以如來破除「身見」之法，轉增堅固「身見」。罪福由心而分，果報由心而異。故《華嚴》謂：牛飲水成乳，蛇飲水成毒，智學證涅槃，愚學增生死者。此也。[53]

「不了義」是指只捨「身相」而不捨「心」，或誤以為只需「燃指臂香」就一定可以成佛。對於「初學佛法」或初出家者，尚未明白「能所雙亡、三輪體空」之旨，還沒有進入「理觀」的「了義」境界，則不可宣揚一味的「燃指臂香」行門，否則只是成為「事相」上不明事理的「為燃而燃、為燒而燒」的行門罷。例如曾經燃掉五指的淨土宗清代第九祖省庵(1686～1734)大師，[54]在回答出家人是否一定要急於去實行「燃指」的行門？大師也認為要先明「理觀」，才能再求諸於「事行」，如云：

客曰：如上所論，謹聞命矣，未審出家之士，宜何所先？為當必燒？為復可緩？設使不燒，是犯戒否？

答曰：出家之士，宜先明「理觀」，後及「事行」，則趣向有方，功無虛棄。若「理觀」不明，但行苦行，欲冀功勳，終無實益。燒與不燒，

---

[53] 出自《增廣印光文鈔卷一‧復丁福保居士論臂香書》一文。

[54] 參《省菴法師語錄‧卷二》云：「詣四明 阿育王山，瞻禮舍利，先後五燃指香供佛」。詳《卍續藏》第六十二冊頁259中。

各隨人意。經雖勸人，亦不結罪，但不可故違佛語，自生「異見」，致使妨礙「行門」，阻人勝善，「初心」之士，又不可不知也。[55]

南宋‧宗曉(1151～1214)大師在其《樂邦文類》中也是強調「燒身臂指」是從「初發心」直至「聖賢」皆都可遵修的一種法門，但須心存「正解」以免「邪修」。所謂的「正解」是指燒身者須瞭解「能燒、所燒兩重能所皆雙泯」，如此「燒身臂指」才能真正圓滿一切的功德。如云：

而又若不燒身臂指，非出家菩薩，《梵網》之誡明然。捨身命財，是真法供養，《法華》之文煥矣。《楞嚴》燃香一炷，宿債俱酬。輪王剜身千燈妙果斯克。故知初心後位，上聖下凡，皆可遵修，並彰至教，但存正解，自免邪修。以知性火真空，豈有能燒之相？所燒心忘也。又知佛體圓妙，豈存所供之人，則能供亦寂矣。兩重能所既泯，一切功德斯成。[56]

如果我們再將《楞嚴經》的經文分析有關「燃指、身燃一燈一香炷」將可獲得「無始宿債，一時酬畢……是人於法，已決定心」的不可思議功德，按此「功德」與修持「其他法門所獲得的功德」進行對比。如下表所示：

卷六	經文功德說明	行門方式
	若我滅後，其有比丘……能於如來形像之前，身燃一燈，燒一指節，及於身上爇一香炷。	燃指、身燃一燈、身燃一香炷

---

[55] 參《省菴法師語錄》〈燃指問辯〉。詳《卍續藏》第六十二冊頁247中。
[56] 參《樂邦文類‧卷四》。詳《大正藏》第四十七冊頁203上。

	我說是人無始宿債,一時酬畢……是人於法,已決定心。	
卷七	若能讀誦、書寫此咒,身上帶持。若安住處,莊、宅、園、館。如是積業,猶湯銷雪。不久皆得悟「無生忍」。	書寫讀持楞嚴咒
卷七	若造「五逆無間重罪」,及諸比丘、比丘尼「四棄、八棄」。誦此咒已,如是重業,猶如猛風,吹散沙聚,悉皆滅除,更無毫髮。	持誦楞嚴咒
卷八	「禁戒」成就,則於世間永無「相生、相殺」之業、偷劫不行。無相負累,亦於世間,不還宿債。	修持清淨的戒律
卷十	能以「一念」將此法門,於末劫中開示未學。是人罪障,應念銷滅,變其所受「地獄」苦因,成安樂國。得福超越前之施人,百倍、千倍、千萬億倍,如是乃至算數譬喻所不能及……依我教言,如教行道,直成菩提,無復魔業。	只需「一念」對他人「開示」楞嚴法門

　　從上表的《楞嚴經》經文可發現,如果研究《楞嚴經》者,只停留在「燃指、身燃一燈一香炷」的「功德」行門上,未免眼光過於窄小,因為整部《楞嚴經》最重要的「行門」就是修持「如來藏心性大法、耳根圓

通、四種清淨明誨、建楞嚴壇、修楞嚴咒」大法，並不是只有「燃指臂香」
一法而已。

四、應予讚嘆而不大力提倡

此節的標題已明確點出「應予讚嘆而不大力提倡」十個大字，因為世
尊曾明訂沙門出家戒律說：如果是「自己殺死自己」(包含燒身)，則得「偷
蘭遮罪」(sthūlātyaya 大障善道)[57]；但又曾「鼓勵」的說：「若不燒身、臂、指，
供養諸佛，非出家菩薩。」[58]這裡我們首先要釐清「燒身」是指「自己殺死
自己」的一種方式，只獲「偷蘭遮罪」，而不是根本大罪的「波羅夷罪」
(pārājika 斷頭)，因為律典指出如果是「自己親自殺死別人」(此也稱為「自殺」
的一種)就獲「波羅夷罪」，是根本重罪，屬於「不可悔、不共住」；[59]但若只
是「自己殺死自己」，則得「偷蘭遮罪」(sthūlātyaya 大障善道)[60]，是粗罪。如
果自己「自殺」沒有成功的話，則屬於「可悔、非不共住」的情形。

另一種不是「燒身」式的自殺，只是「斷指」的行為，這是屬於犯「突
吉羅罪」(duṣkṛta 惡作)，這個律典原是出自《十誦律》，但佛陀「原始」制戒
的原因是因為有比丘被毒蛇咬，他擔心毒液會入身，所以就自行「揻指」
(斷指)，後來有居士看見怎麼法師會有「斷指」的「殘形」現象？後來有人
去問佛，佛就制戒說，比丘不應該「斷指」，如果自行「斷指」的話則犯「突

---

[57] 參《彌沙塞部和醯五分律‧卷二》，律云：諸比丘厭惡此身，亦復如是，其中或有
自殺，展轉相害，或索刀、繩，或服毒藥……佛種種呵責……呵已，告諸比丘：若
「自殺身」，得「偷羅遮罪」。詳《大正藏》第十二冊頁7下。

[58] 參《梵網經‧卷二》。詳《大正藏》第二十四冊頁1006上。

[59] 參《彌沙塞部和醯五分律‧卷二》，律云：若比丘，手自殺人，斷其命，是比丘得
「波羅夷」，不共住。詳《大正藏》第二十二冊頁7下。，

[60] 參《彌沙塞部和醯五分律‧卷二》，律云：諸比丘厭惡此身，亦復如是，其中或有
自殺，展轉相害，或索刀、繩，或服毒藥……佛種種呵責……呵已，告諸比丘：若
「自殺身」，得「偷羅遮罪」。詳《大正藏》第十二冊頁7下。

吉羅」罪。如下律文所說：

> 佛在舍衛國。爾時有比丘，起「欲心」故，自截「男根」，苦惱垂死。
> 諸比丘以是事白佛，佛言：汝等看是癡人！應斷異，所斷異。應斷
> 者，貪欲、瞋恚、愚癡。如是呵已，語諸比丘：從今不聽斷「男根」。
> 斷者，「偷蘭遮」。
>
> 復有比丘為作浴，破薪故，毒蛇從朽木中出，囓比丘指。比丘作是
> 念：「此毒必入身。」即自「斷指」，由是「指撅」。諸居士入寺中，見
> 比丘「撅指」，作是言：沙門釋子，亦有「撅指」？
>
> 是中有比丘，少欲知足，行「頭陀」，聞是事，心不喜，是事白佛。
>
> 佛種種因緣呵責：云何名比丘，自「斷指」？
>
> 如是呵已，語諸比丘：從今不應自「斷指」，自「斷指」者，「突吉羅」。
>
> 佛言：從今有如是因緣，聽以繩「纏指」，以刀刺，出毒。[61]

　　到了唐・道宣(596～667)大師著的《四分律刪繁補闕行事鈔》，就將
《十誦律》的經文濃縮成幾個重點，如云：《十誦》不得自傷毀形，乃至
「斷指」犯罪。[62]道宣指的「自傷毀形」四個字，應該是指「斷男根、斷指」
一事，而後面的「斷指犯罪」指的就是犯了「突吉羅罪」。[63]道宣大師的說
法到了北宋・從義(1042～1091)的《法華經三大部補注》[64]，及明代的蕅益
智旭大師《重治毗尼事義集要》都沒改變，如云：

---

[61] 參《十誦律・卷三十七》。詳《大正藏》第二十三冊頁 269 中。

[62] 參唐・道宣《四分律刪繁補闕行事鈔・卷二》。詳《大正藏》第四十冊頁 60 中。

[63] 雖如此，但明・幻輪編《釋鑑稽古略續集・卷三》也曾記載：雪光禪師，姓趙氏，
「斷指」發心。詳《大正藏》第四十九冊頁 946 上。

[64] 參《法華經三大部補注・卷十》，云：引《十誦》自傷毀形，乃至斷指，皆犯罪也。
詳《卍續藏》第二十八冊頁 323 下。

自斷「陰」，偷蘭遮。自斷指，突吉羅。[65]

從《十誦律》、唐·道宣、北宋·從義、明·蕅益都說的很清楚、也很「一致性」。

唯獨在唐·湛然(711～782)大師的《法華文句記》就出現了變化，如云：

律制「燒身」得「蘭」，「燒指」得「吉」。[66]

《法華文句記》前面說「燒身」自殺的方式屬於犯「偷蘭遮罪」，但後面原本在《十誦律》是指「斷指」之事，已被改成「燒指」之事，所以只要是「燒指、燃指」的，就是犯了「突吉羅罪」。從此往後諸宗門派的祖師，幾乎都是「引用」了湛然大師的看法，就是認定「燒指是犯突吉羅罪」。其實嚴格來說，「斷指」是因為怕毒蛇液侵入而故意「斷指」；而「燒指」在《法華經》、《楞嚴經》中都是指向「供養諸佛」的「菩薩發心」行門，這兩者顯然是不同的。

後來北宋·元照（1048～1116）大師《四分律行事鈔資持記》也發現了「斷指」被改成「燃指」的疑點。如《四分律行事鈔資持記》云：

「斷指」犯罪者，「相傳」並云犯「吉」。有云「燃指」犯「提」，未見所出。[67]

---

[65] 參《重治毗尼事義集要·卷三》。詳《卍續藏》第四十冊頁 369 上。

[66] 參唐·湛然《法華文句記》卷 10〈釋藥王品〉。詳《大正藏》第三十四冊頁 354 下。

[67] 參宋·元照《四分律行事鈔資持記·卷二》。詳《大正藏》第四十冊頁 284 下。

　　元照大師說「斷指」是「犯吉」，這指的是「突吉羅」(duṣkṛta 惡作)沒錯的。但後面又說「有云」二個字，就是「有人說」的意思，有人說「燃指」是犯「提」，但「未見所出」。這個「提」字就是指犯了比「突吉羅」再大一點的「波羅提提舍」(pratideśanīya 向彼悔)罪，而原本《十誦律》的「斷指」二字已被改成「燃指」，不過元照大師自己也懷疑這個說法，所以他便說有關「燃指」會犯「波羅提提舍」(pratideśanīya 向彼悔)罪，是「未見所出」的。

　　以上是從最原始《十誦律》的「斷指犯突吉羅罪」經文，後來演變成「燃指也是犯突吉羅罪」，進而引起正反相派的爭議，例如台灣近代高僧法鼓山聖嚴法師對「燃指供佛」的行為就曾開示說：

> 根據原始佛典以及比丘戒律，凡是損毀、傷害、虐待自己的肉體，均非佛所允許。至於印度苦行的外道，用火、用水、用刀，以及種種自虐方式，使自己的肉體受苦，作為修行的方法，目的是為自己贖罪而求得神的寬恕……然而，即使用「苦行」能達到某些目的，卻不是佛教修行的方法和方式。所以，比丘戒規定，凡「四肢殘缺」、「五官不全」者，不得受「比丘戒」。[68]

　　聖嚴法師的說法也是有道理的，因為如果「大力提倡燃指」，勢必會帶給「非佛教徒」很多負面的影響，會認為為何修行的法師都是「斷手」的呢？例如在遼寧 海城的大悲寺，很多法師都缺了個「指頭」，底下圖片取自下面網站。

http://keusa.blog.163.com/blog/static/5933782013015 6289358/

---

[68] 參聖嚴法師《學佛群疑》頁 233。

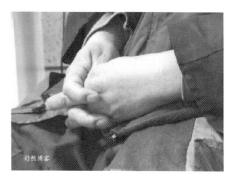

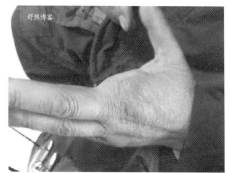

<u>聖嚴法師</u>又說：

正常的修行是以「人的行為」為標準，以人間的「倫理思想」為基礎，
若有違背「常情常理」的行為，便不是常人所能用而當用的……如果
強調「特殊」的菩薩行，而忽略了「人間性」、人類的「共同性」以及
社會的「普遍性」，那就很難產生「普化世間」的功能，至多只讓人評

為「奇行」和「異行」而已。如此即使能夠博取若干人的「尊敬」，也不能達到佛法「普及化」的效果。

「燃指焚身」的例子，在近代有八指頭陀敬安禪師燃掉二指；在越南有廣德焚身；在臺灣也有某法師燃去一指，其目的都是為了某一樁「心願」。這些行為者的存心和勇氣值得「讚歎」，但是我們不應「效法」，否則就偏離了佛法住世的「正途」。[69]

「燃指臂香」的確是「值得讚歎」的，但不需要「大力提倡」，或者「非效法不可」。例如明・袾宏 蓮池在《往生集》曾記唐・智欽大師於阿育王塔之前燃掉一臂以求生淨土。他的弟子僧護在夜半時見庭前異常的光明，結果空中有聲曰：「來迎欽禪師耳。護急啟窗，見佛身光明，旛華寶蓋，滿虛空中，欽隨佛冉冉而去」。但是蓮池大師後面的贊文卻認為「不必效其燃臂」。如云：

> 贊曰：燒身燒臂，大乘經中屢開，然此「得忍大士」所為，非「初心」境界也。求西方者，當學欽公之「習禪禮佛」，不必效其「燃臂」。若能用燃臂之「精虔勇猛」，以治其「惡習」，則所燃亦多矣。古云：善學柳下惠，不其然歟。[70]

「燃指臂香」一事在不同時代雖受到不同的異議，但它仍受到不少超級大師的支持，如：唐末・永明 延壽（904～975）大師云：「小乘執相，制而不開。大教圓通，本無定法。《菩薩善戒經》云：聲聞戒急，菩薩戒緩，聲聞戒塞，菩薩戒開。又經云：聲聞持戒是菩薩破戒，此之謂也。若依了義經，諸佛悅可，執隨宜說。眾聖悲嗟，祇可歎大褒圓，自他兼

---

[69] 參聖嚴法師《學佛群疑》頁 233。
[70] 參明・袾宏 蓮池大師《往生集》。詳《大正藏》第五十一冊頁 130 下。

利，豈容執權滯小，本跡雙迷？」[71]永明 延壽大師的觀點乃以「大乘」自居，認為「祇可歎大褒圓，自他兼利，豈容執權滯小，本跡雙迷」，不可執著停留在「小乘戒」上而連「本跡」都雙迷失去了。這在佛經上皆有詳細的說明，如《寂調音所問經》云：

菩薩所行，世所難信。所以者何？聲聞之人，持戒精進，乃是菩薩破戒懶惰……聲聞精進，為自斷結以此精進，不能令閻浮提人得樂，況餘一切……菩薩專心精進，成就悲愍，則能利益一切眾生，為無量眾生而作樂因，能授世間出世間之樂。[72]

又如《大寶積經》云：

「菩薩乘」人，持「開遮戒」，設有所犯，不應「失念」，妄生憂悔，自惱其心。於「聲聞乘」有所犯者，便為破壞「聲聞淨戒」。何以故？聲聞「持戒」，斷除煩惱，如救頭然，所有志樂但求涅槃，以是義故，名聲聞乘持，唯「遮戒」。[73]

唐末・永明 延壽大師《萬善同歸集・卷中》亦記載不少「燃指臂香」這類事跡，如云：

僧崖菩薩燒身云：代一切眾生苦，先燒其手，眾人問曰：菩薩自燒，眾生罪熟？各自受苦，何由可代？答：猶如燒手，一念善根，即能滅惡，豈非代耶？又告眾曰：我滅度後，好供養病人，並難可測其本，多是諸佛聖人乘權應化……天台宗滿禪師，一生講誦《法華

---

[71] 見《萬善同歸集・卷中》。《大正藏》第四十八冊頁 969 下。
[72] 參《寂調音所問經》。詳《大正藏》第二十四冊頁 1085 下。
[73] 參《大寶積經・卷九十》。詳《大正藏》第十一冊頁 517 上。

經》……後焚身供養《法華經》。智者門人淨辯禪師，於懺堂前焚身，供養普賢菩薩……大聖真慈終不虛誑，是以八萬法門無非解脫，一念微善皆趣真如……善須知時自量根力，不可評他美惡，強立是非，言是禍胎，自招來業。且如得忍菩薩，雖證生法二空，為利他故，破慳貪垢，尚乃燒臂焚身。[74]

唐朝律宗聲望最高的道宣律師，其《續高僧傳卷・二十八》也是盛讚曰：

藥王上賢焚體……大志刮臂以熱鐵，神操逾新……是知操不可奪、行不可掩，誠可嘉乎！難行事矣！復有引腸樹表條肉林中，舒顏而臨白刃，含笑而受輕辱，並如本紀。又可嘉哉[75]！

北宋・從義（1042～1091）大師在《法華經三大部補注・卷十》亦表讚同，如云：「然則經中事存導俗，己身尚勸供養，何況諸餘外物？若乃出家局乎律藏，於戒有違，未見其可然！眾生喜見斯乃俗流，燒身臂等，誠其宜矣！[76]

而清朝的淨宗十一祖省庵大師(1686~1734)在其〈燃指問辯〉一文中亦有詳細的說明，如下：

---

[74] 《大正藏》第四十八冊頁 971 中。又僧崖菩薩者，乃北周人，曾於周武成元年六月於益州西路首，以布裹左右五指燒之。時人同號以為「僧崖菩薩」。其臨終焚身，道俗十餘萬眾擁輿而哭，後燒畢全心不壞。詳於《續高僧傳・卷二十七》，《大正藏》第五十冊頁 678 中—680 中。又得忍菩薩（即北魏的玄高 402—444 大師）的事蹟詳於《高僧傳・卷十一》，《大正藏》第五十冊頁 397 上—398 中。

[75] 詳於《大正藏》第五十冊頁 684 下—685 下。

[76] 詳《卍續藏》第四十四冊頁 314 上。

今為子統括古今，備陳差別，略有六種，唯吾子察焉，所謂六種差別者：

一內外邪正差別。二儒釋立教差別。三大小開遮差別。四諸師宗趣差別。五聖凡因果差別。六心行是非差別。

知此六種、六別，則是非邪正，皎如指掌，不復生疑惑矣……蓋小乘，但期「自利」，故須「奉法全身」。大乘，貴在「利人」，是以「忘身為法」。此大小開遮所以差別也。南山律師，依「大乘宗」，深加讚歎。<u>義淨三藏，據小乘宗，橫生貶斥</u>。[77]

雖如此，經論上亦有反對「燃指臂香」的聲音，如《佛說未曾有因緣經・卷下》載<u>提違婆羅門女</u>「徒苦燒身，安能滅罪」之事。[78]而唐・義淨（635～713）大師《南海寄歸內法傳・卷四》之「燒身不合」中對「燃指臂香」之事乃不讚同。如云：

將「燒指」作精勤、用「燃肌」為大福，隨情即作，斷在自心……比聞少年之輩，勇猛發心，意謂「燒身」便登「正覺」，遂相踵習，輕棄其軀。何則「十劫、百劫」難得人身，千生萬生，雖人罕智，稀聞七覺，不遇三尊……忽忽自斷軀命，實亦未聞其理。自殺之罪，事亞初篇矣……斷惑豈由燒己？……破「重戒」而隨自意，金口遮而不從。以此歸心，誠非聖教。[79]

---

[77] 參《省菴法師語錄》。詳《卍續藏》第六十二冊頁246中。
[78] 參《佛說未曾有因緣經・卷二》云：「傳聞提違，欲自燒身，心生憐愍，往詣其所，問提違言：『辦具薪火，欲何所為？』提違答言：『欲自燒身，滅除殃罪。』辯才答曰：『先身罪業，隨逐精神、不與身合，徒苦燒身，安能滅罪？夫人禍福隨心而起，心念善故受報亦善，心念惡故受惡果報，心念苦樂受報亦爾……汝今云何於苦惱中，求欲滅罪、望善報也？幸可不須，於理不通。」詳《大正藏》第十七冊頁582上。
[79] 詳於《大正藏》第五十四冊頁231中─下。

　　義淨雖然反對，但我們卻要注意其結尾之語有云：「必有行菩薩行，不受律儀，亡己濟生，固在言外耳。」[80]義淨大師其實也很清楚，如果是有真菩薩，為「亡己濟生」，則當然是「不受律儀」，此亦是在大師所論之外。

　　除了佛教的經論有反對的聲音外，唐末五代的後唐・明宗及後周・世宗更有禁絕「燒身、煉指」的行為，如顯德二年後周・世宗肅教時，頒令：

　　　　僧尼俗士，自前多有捨身、燒臂、煉指(束香於指而燃之)、釘截手足、帶鈴掛燈、諸般毀壞身體、戲弄道具……皆是聚眾眩惑流俗，今後一切止絕。[81]

　　而北宋・徽宗之大觀四年亦曾頒令：

　　　　二月庚午朔，禁燃頂、煉臂(束香於臂而燃之)、刺血、斷指。庚辰，罷京西錢監。甲申，詔自今以賞進秩者……[82]。

　　筆者認為這些由皇帝頒下的命令應該是與當時社會「風氣」有關，有人在「大力」的提倡「燃指臂香」或「燒身燃頂」之行，遂造成「聚眾眩惑流俗」，最終皇帝便下令全國必須「止絕此事」了。[83]

---

[80] 詳於《大正藏》第五十四冊頁231中—下。

[81] 見《新校本舊五代史・周書・卷一百一十五周書六・世宗本紀二・顯德二年》頁1530—1531。台北鼎文書局。民國72。

[82] 《新校本宋史・本紀・卷二十本紀第二十・徽宗趙佶二・大觀四年》頁383。台北鼎文書局。民國72。

[83] 以上說法可參看林惠勝〈燃指焚身--中國中世法華信仰之一面向〉一文。詳《成大宗教與文化學報》第一期。2001年12月。頁57-96。

五、結論

　　本文從八指頭陀敬安大師的「燃指」開始談起，因大師也有「燒臂、剜臂肉」，所以一併也將這些觀點討論進去，進而舉證最主要的《楞嚴經》說法，強調需要「三輪體空、能所雙亡」的「理觀」，才能進行「事相」上的「真實燃指臂香」行門，進而達到「了義」的境界，而且整部《楞嚴經》的重要並不是只有「燃指」一行門而已，不能「掛一漏萬」，喪失《楞嚴經》其餘的「第一義諦」深理。

　　其實大小乘經典，皆是如來的隨機說法，或「開」或「禁」，理本無二致，如二人見月，一東一西，各隨所見，月並無二向，是各人所見，方有東西之別。儒家常言「受之父母，不敢毀傷」（《孝經・開宗明義章》）是近乎「小乘」；而孔子卻又稱其「泰伯斷髮」為「至德」（《論語・泰伯篇》）。又如比干之「剖心」，《論語》則又美其「為仁」（《論語・微子篇》），是又近乎「大乘」。

　　「燃指臂香」乃由個人發心而定，非由「事相」決定，但若站在「事相」上來說，終究「順小乘不燃指臂香則易，從大乘要燃指臂香則難」，[84]誠如蕅益大師對「燃指臂香」的讚歎云：

> 《法華》、《楞嚴》深歎燃臂指及燃香功德，亦以此耳。或謂斷煩惱臂，燃無明身，豈在區區血肉間？不知眾生結習濃厚，虛幻血肉，如翳眼中脂，當體即是為明煩惱。僧問紫柏，如何是生死根本？曰：

---

[84] 此話的原始意思是出自《四分律行事鈔資持記・卷二》云：「依小不燒則易，依大燒之則難。」詳《大正藏》第四十冊頁 285 上。本處將「燒」字改成「燃指臂香」四個字。

只汝身是。云：恁麼則死了便出生死。師震威一喝，嗚呼！大人作用，豈義學所知。蓋實從半偈悟徹，故示人自親切也。人能剌血燃香，縱未明理，亦破敵前茅，儻高談理性，不入行門，身見高山，何由摧碎？予每見此妙行，必深心隨喜。[85]

如《大智度論‧卷十二》亦云：「又如眾生喜見菩薩，以身為燈，供養日月光德佛。如是等種種，不惜身命，供養諸佛，是為菩薩上布施。[86]

本文對於「燃指臂香」觀點仍是強調「應予讚嘆而不大力提倡」十個字，「燃指臂香」確實是佛教大乘菩薩的修行之道，但大乘菩薩也不一定要修持這個法，法門無量，最終還是要回到「能所雙亡」的「心性」上來修，方是「實相般若」的最高境界。

參考文獻

1、哈斯朝魯，〈詩情澎湃的人生──論八指頭陀的禪詩〉，《內蒙古民族大學學報（社會科學版）》30：1（2004），頁 50-56。

2、孫廣德，《晚清傳統與西化的爭論》，臺北，臺灣商務印書館，1995。

3、孫海洋，〈八指頭陀詩風初探〉，《船山學刊》1（1998），頁 30-34。

4、章亞昕編著，〈八指頭陀：最後的神話人物〉，《八指頭陀評價、作品選》，北京：中國文史出版社，1998。

5、梅季點輯，《八指頭陀詩文集》。

6、鍾笑，《八指頭陀禪詩研究》，新竹：玄奘大學中文所碩士論文，2009。

7、薛順雄，〈八指頭陀「聽月寮」詩詮〉，《東海中文學報》9（1990），頁

---

[85] 《蕅益大師全集（十八）‧靈峰宗論卷七之一》頁 11247─11248 之「寄南開士血書法華經跋」。

[86] 詳《大正藏》第二十五冊頁 150 中。

117-123。

8、蕭曉陽,〈釋敬安詩歌的藝術:澄明之境中的詩音與詩畫〉,《名作欣賞》8（2007）,頁 131-135。

9、羅麗婭,《論八指頭陀的禪詩》,武漢市:華中師範大學中國古代文學碩士論文, 2003。

10、《續修四庫全書‧一五七一‧集部‧別集類》。上海古籍出版社。

11、聖嚴《戒律學綱要》。台北:東初出版社。1989 年。

12、聖嚴《學佛群疑》。台北:東初出版社。1996 年。

13、林惠勝〈燃指焚身--中國中世法華信仰之一面向〉一文。詳《成大宗教與文化學報》第一期。2001 年 12 月。頁 57-96。

果濱其餘著作一覽表

一、《大佛頂首楞嚴王神咒・分類整理》(國語)。1996 年 8 月。大乘精舍
印經會發行。書籍編號 C-202。

二、《生死關全集》。1998 年。和裕出版社發行。➔ISBN：957-8921-51-
9。

三、《楞嚴經聖賢錄》(上冊)。2007 年 8 月。萬卷樓圖書股份有限公司
發行。➔ISBN：978-957-739-601-3。《楞嚴經聖賢錄》(下冊)。2012
年 8 月。萬卷樓圖書股份有限公司發行。➔ISBN：978-957-739-765-
2。

四、《《楞嚴經》傳譯及其真偽辯證之研究》。2009 年 8 月。萬卷樓圖書
股份有限公司發行。➔ISBN：978-957-739-659-4。

五、《果濱學術論文集(一)》。2010 年 9 月。萬卷樓圖書股份有限公司發
行。➔ISBN：978-957-739-688-4。

六、《淨土聖賢錄・五編(合訂本)》。2011 年 7 月。萬卷樓圖書股份有限
公司發行。➔ISBN：978-957-739-714-0。

七、《穢跡金剛法全集(增訂本)》。2012 年 8 月。萬卷樓圖書股份有限公
司發行。➔ISBN：978-957-739-766-9。

八、《漢譯《法華經》三種譯本比對暨研究(全彩本)》。2013 年 9 月初版。
萬卷樓圖書股份有限公司發行。➔ISBN：978-957-739-816-1。

九、《漢傳佛典「中陰身」之研究》。2014 年 2 月初版。萬卷樓圖書股份
有限公司發行。➔ISBN：978-957-739-851-2。

十、《《華嚴經》與哲學科學會通之研究》。2014 年 2 月初版。萬卷樓圖
書股份有限公司發行。➔ISBN：978-957-739-852-9。

十一、《《楞嚴經》大勢至菩薩「念佛圓通章」釋疑之研究》。2014 年 2 月
初版。萬卷樓圖書股份有限公司發行。
➔ISBN：978-957-739-857-4。

十二、《唐密三大咒・梵語發音羅馬拼音課誦版》(附贈電腦教學 DVD)。
2015 年 3 月。萬卷樓圖書股份有限公司發行。➔ISBN：978-957-

739-925-0。【260 x 135 mm】規格(活頁裝)

十三、《袖珍型《房山石經》版梵音「楞嚴咒」暨《金剛經》課誦》。2015年4月。萬卷樓圖書股份有限公司發行。→ISBN：978-957-739-934-2。【140 x 100 mm】規格(活頁裝)

十四、《袖珍型《房山石經》版梵音「千句大悲咒」暨「大隨求咒」課誦》。2015年4月。萬卷樓圖書股份有限公司發行。→ISBN：978-957-739-938-0。【140 x 100 mm】規格(活頁裝)

十五、《《楞嚴經》原文暨白話語譯之研究(全彩版)》(不分售)。2016年6月。萬卷樓圖書股份有限公司發行。→ISBN：978-986-478-008-2。

十六、《《楞嚴經》圖表暨註解之研究(全彩版)》(不分售)。2016年6月。萬卷樓圖書股份有限公司發行。→ISBN：978-986-478-009-9。

十七、《《楞嚴經》白話語譯詳解(無經文版)-附:從《楞嚴經》中探討世界相續的科學觀》。2016年6月。萬卷樓圖書股份有限公司發行。→ISBN：978-986-478-007-5。

十八、《《楞嚴經》五十陰魔原文暨白話語譯之研究-附:《楞嚴經》想陰十魔之研究》。2016年6月。萬卷樓圖書股份有限公司發行。→ISBN：978-986-478-010-5。

十九、《《持世經》二種譯本比對暨研究(全彩版)》。2016年6月。萬卷樓圖書股份有限公司發行。→ISBN：978-986-478-006-8。

二十、《袖珍型《佛說無常經》課誦本暨「臨終開示」(全彩版)》。2017年8月。萬卷樓圖書股份有限公司發行。→ISBN：978-986-478-111-9。

二十一、《漢譯《維摩詰經》四種譯本比對暨研究(全彩版)》。2018年1月。萬卷樓圖書股份有限公司發行。→ISBN：978-986-478-129-4。

二十二、《敦博本與宗寶本《六祖壇經》比對暨研究(全彩版)》。2018年1月。萬卷樓圖書股份有限公司發行。→ISBN：978-986-478-130-0。

二十三、《果濱學術論文集(二)》。2018年1月。萬卷樓圖書股份有限公

司發行。➔ISBN：978-986-478-131-7。

二十四、《從佛典中探討超薦亡靈與魂魄之研究》。2018 年 1 月。萬卷樓
圖書股份有限公司發行。➔ISBN：978-986-478-132-4。

✠大乘精舍印經會。地址：台北市漢口街一段 132 號 6 樓。電話：
(02)23145010、23118580

✠和裕出版社。地址：台南市海佃路二段 636 巷 5 號。電話：(06)2454023

✠萬卷樓圖書股份有限公司。地址：臺北市羅斯福路二段 41 號 6 樓之
3。電話：(02)23216565、23952992

果濱佛學專長

一、漢傳佛典生死學。二、梵咒修持學(含《蘇婆呼童子請問經》)。三、楞伽
學。四、維摩學。五、般若學(《金剛經》+《大般若經》＋《文殊師利所說般若
波羅蜜經》)。六、十方淨土學。七、佛典兩性哲學。八、佛典宇宙天文學。
九、中觀學(《中論》二十七品+《持世經》)。十、唯識學(唯識三十頌+《成唯識
論》)。十一、楞嚴學。十二、唯識腦科學。十三、敦博本六祖壇經學。十四、
佛典與科學。十五、法華學。十六、佛典人文思想。十七、《唯識双密學》
(《解深密經+密嚴經》)。十八、佛典數位教材電腦。十九、華嚴經科學。二十、
般舟三昧學。二十一、佛典因果學。二十二、如來藏學(《如來藏經+勝鬘經》)

國家圖書館出版品預行編目(CIP)資料

果濱學術論文集(二) / 果濱 著. -- 初版. –
　臺北市：萬卷樓, 2018.1
　　　面；　公分
　ISBN 978-986-478-131-7(軟精裝)

　1.佛教　2.文集

　　220.7　　　　　　　　　　　　　　107001600

2018 年 1 月初版 軟精裝　　　　　定 價：新台幣 300 元

果濱學術論文集(二)　　　　ISBN 978-986-478-131-7

著　　者：陳士濱(法名：果濱)
　　　　　　現為宏國德霖科技大學通識中心專任教師
發　行　人：陳滿銘
出　版　者：萬卷樓圖書股份有限公司
編輯部地址：106 臺北市羅斯福路二段 41 號 9 樓之 4
電話：02-23216565
傳真：02-23218698
E-mail：wanjuan@seed.net.tw
萬卷樓網路書店：http://www.wanjuan.com.tw
發行所地址：106 臺北市羅斯福路二段 41 號 6 樓之 3
電話：02-23216565
傳真：02-23944113
劃撥帳號：15624015
承 印 廠 商：中茂分色製版印刷事業股份有限公司